Das Hirschgraben Sprachbuch

Erweiterte Ausgabe

6. Schuljahr

Erarbeitet von:
Günter Haardt, Ingeborg Kirsch,
Rafael Luwisch, Jürgen Niedenführ,
Gisela Reuschling, Marlene Schommers,
Marianne Steigner, Thomas Steininger,
Kai West, Gudrun Wietusch
Grafik:
Peter Beckhaus
Übungstexte:
Kalla Wefel

Cornelsen

Redaktion: Otmar Käge
Technische Umsetzung: Uwe Wienprecht

Dieses Werk berücksichtigt die Regeln
der reformierten Rechtschreibung und Zeichensetzung.

1. Auflage ✔   Druck 5 4 3   Jahr 2000 99

Alle Drucke dieser Auflage können im Unterricht nebeneinander
verwendet werden.

© 1996 Cornelsen Verlag, Berlin
Das Werk und seine Teile sind urheberrechtlich geschützt.
Jede Verwertung in anderen als den gesetzlich zugelassenen Fällen
bedarf deshalb der vorherigen schriftlichen Einwilligung des Verlages.

Druck: Univ. Druckerei H. Stürtz AG, Würzburg
ISBN 3-464-60568-X
Bestellnummer 605680

 gedruckt auf säurefreiem Papier, umweltschonend hergestellt aus chlorfrei gebleichten Faserstoffen

Inhaltsverzeichnis

6   **Koffer-Jimmy**
Szenisches Spiel
Comic, (Bilder-)Geschichte
Präteritum
Textüberarbeitung

12   **So war das nicht gemeint …**
Eulenspiegelgeschichten
Bildhafte Wendungen
Textüberarbeitung

17   **Ob sie wirklich zaubern konnte?**
Erzählperspektive wechseln
Personal-, Zeitformen des Verbs
Possessivpronomen

22   **Spielspaß**
Spielanleitungen
Abstrakta, Konkreta, Konjugation
Textüberarbeitung

32   **Klasse 6 unterwegs**
Diskussion, Wegbeschreibung
Präpositionen, Relativsätze
Textüberarbeitung

40   **Bücher – Bücher – Bücher**
Fragebogen, Inhaltsangabe, Klassenbücherei
Präsens, Konjunktionen, Fachsprache
Textüberarbeitung

46   **Versteh mich doch!**
Gespräche führen, argumentieren, Rollenspiele
Konjunktionen, Gliedsätze

52   **Carla Holmes, Kriminalkommissarin**
Textinformationen (tabellarisch) verwerten
Satzglieder

55   **Vom Streiten …**
Diskussion
Satzglieder

59   **Ich sehe es dir an!**
Szenisches Spiel
Nonverbale Kommunikation

63   **Grün macht Schule**
Ein Projekt organisieren, Informationen sammeln, appellieren
Tabellen, Merktext, Bericht, Brief …

73	**Texte überarbeiten**
	Übungen zur Verbesserung von Texten
82	**Schreib doch mal!**
	Schreibspiele und freies Schreiben

Schreiben ist auch Rechtschreiben

90	Arbeitstechniken
	Abschreiben
	Partnerdiktat
	Im Wörterbuch nachschlagen
	Sil-ben-tren-nung
	Die Rechtschreibung eines Textes überprüfen
98	Tipps und Tricks zum Üben
	Mit Wortlisten üben
	Auf Wortbausteine achten
	Wörter verlängern: **b**, **d**, **g** – **p**, **t**, **k**
	Verwandte Wörter suchen: **ä** kommt von **a**, **äu** kommt von **au**
106	An Fehlerschwerpunkten üben
	Wörter mit **pf**, **x**, **v**
	Wörter mit **ie**, **ieh**
	Doppelte Konsonanten
	Wörter mit **ß**
	Wörter mit **h**
	Zeitangaben
	Das Komma bei Aufzählungen
	Die Zeichensetzung bei der wörtlichen Rede

Sprache verstehen und beschreiben

122	Koffer-Jimmy sagt und sagt und sagt …
	Wortfeld **sagen**
123	Haben Sie gesehen, dass …?
	dass-Sätze
124	Eulenspiegel kann's nicht lassen
	Bildhafte Sprache
126	Rallye – ganz in Gedanken
	Präpositionen
127	Alle sind verzaubert
	Personalpronomen, Konjugation
129	Früher – damals – vor kurzem – heute – morgen
	Zeitenfolge: Plusquamperfekt – Futur
131	Wer blickt durch?
	Subjekt, Prädikat
133	Was ist hier passiert?
	Dativ-, Akkusativobjekt, Zeit-, Ortsangaben

137	Schlüsselteil
140	Übersicht der Lerninhalte
142	Register
144	Text- und Bildquellenverzeichnis

Erläuterungen zum Buch 5

Übe die Wörter der **Wortliste** so lange, bis du sie fehlerfrei schreiben kannst.

Abwechslungsreiche Übungen stehen Seite 90, 98 ff.

➡ S. ■
Auf dieser Seite kannst du mit ähnlichen Aufgaben weiterarbeiten.

Was im **Pinnzettel** steht, solltest du dir merken!

Diese Zeichen bedeuten:

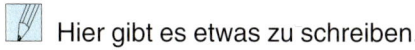 Hier gibt es etwas zu schreiben.

Die Arbeit kann gut zu zweit erledigt werden.

Geeignet für Gruppenarbeit.

Im Wörterbuch nachschlagen.

Bei diesem Stern kannst du zusätzliche Aufgaben lösen.

6 Handlungsgerüst entwickeln

Koffer-Jimmy

1 Erzählt zu diesen Bildern eine Geschichte.

2 Wie könnte sie weitergehen?

Einen Comic entwerfen 7

„Koffer-Jimmy" als Comic

1 Aus dem „Koffer-Jimmy" könnt ihr einen richtigen Comic herstellen! Die Bilder könnt ihr dazu abmalen, Figuren selbst zeichnen und neue Teile hinzufügen.

Achtung: Passende Satzschlusszeichen verwenden!

2 Was könnte in den Sprechblasen stehen?

3 Ihr könnt auch wiedergeben, was eine Person gerade denkt:

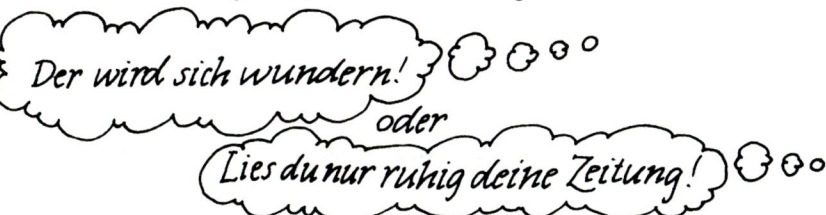

Der wird sich wundern! oder *Lies du nur ruhig deine Zeitung!*

Probiert aus, an welchen Stellen ihr solche Denkblasen in euren Comic einbauen könnt.

Gedanken (innere Monologe) machen eine Geschichte spannender.

8 **Einen Comic ausgestalten**

4   Gefühle, Empfindungen, Ideen, Gedanken können auch durch Zeichen statt durch Worte ausgedrückt werden.
Was könnten diese Zeichen bedeuten?

Sucht weitere Zeichen in anderen Comics oder erfindet eigene.

5   Geräusche müssen im Comic sichtbar gemacht werden:

Sucht Fantasiewörter, die laute, leise, überraschende oder erschreckende Geräusche verdeutlichen.
Auch die Art des Gehens, des Essens, des Schlafens kann durch Geräuschwörter wiedergegeben werden.
An welchen Stellen lassen sich solche Geräuschwörter in euren Comic einbauen?

6   Zwischen dem, was die einzelnen Bilder zeigen, vergeht manchmal viel Zeit. Wie wird das in Comics dargestellt?

7   Benutzt noch andere Ideen, die ihr in fertigen Comics findet.

8   Zeichnet zu folgendem Text Comic-Bilder:
Nach 3 Tagen findet eine Spaziergängerin plötzlich den Koffer unter einer Brücke. Es ist schon fast dunkel, deswegen muss sie zweimal hinschauen, bis sie erkennt, was da im hohen Gras liegt. Erstaunt wendet sie sich dem viereckigen Kasten zu und denkt: „Ob der wohl zu öffnen ist?"

Auf S. 73–81 gibt es schöne Zeichnungen, aus denen ihr auch einen eigenen Comic machen könnt.

Spielszene schreiben 9

„Koffer-Jimmy" als Sketsch

 Ihr könnt aus eurer Handlungsidee zu „Koffer-Jimmy" auch ein kleines szenisches Spiel (einen Sketsch) machen.

1 Erfindet ein Gespräch zwischen den beiden:

Jimmy: *Hallo, Sie!*
Der feine Herr: *Meinen Sie mich?*
Jimmy: *Ja, natürlich.*
Der feine Herr: *...*

In dieser Form werden Gespräche (Dialoge) aufgeschrieben, die in einem Sketsch oder in einem Theaterstück vorkommen.

In einem Spieltext stehen keine Redezeichen.

2 Notiert euch auch, **wie** die Personen sprechen sollen, z. B.:

Jimmy   *(laut):*
                 ...
Der feine Herr   *(zögernd):*
                 ...

ärgerlich
seufzend
neugierig
laut
lachend

3 Lest das Gespräch mehrmals mit verteilten Rollen.

4 Regieanweisungen für „stumme" Teile des Spiels werden in Klammern aufgeschrieben, z. B.:

Jimmy   *(Während der feine Herr sich in die Zeitung vertieft, schleicht er näher. Als er die Hand nach dem Koffer ausstreckt, lässt Herr X die Zeitung sinken. Jimmy richtet sich schnell auf und sagt, als hätte er nur den Koffer betrachtet):*
                 Feines Leder, leider schon etwas abgestoßen ...
Der feine Herr   *(Schüttelt verwundert den Kopf und vertieft sich wieder in seine Zeitung): ...*

5 Entscheidet, ob ihr mit Requisiten (Koffer, Zeitung usw.) spielen wollt oder ob ihr z. B. das Zeitunglesen nur pantomimisch darstellen wollt; dann braucht ihr genauere Regieanweisungen.

„Koffer-Jimmy" als Erzählung

1 Ihr könnt zum „Koffer-Jimmy" auch eine Geschichte schreiben.

a) Wer erzählt, verwendet die Verben meist im Präteritum (in der Vergangenheitsform):
*Jimmy **beobachtete** … Er **grüßte** ihn freundlich …*

b) Damit deine Geschichte lebendig wird, solltest du die wörtliche Rede und auch Gedanken und Empfindungen einbauen.
Hier die wichtigsten Regeln für die Zeichensetzung:

① *Da rief Jimmy dem fein gekleideten Herrn zu: „Hallo, Sie!"*

② *„Meinen Sie mich?", fragte der Mann und drehte sich um.*

③ *„Ja, natürlich", erwiderte Jimmy.*

④ *„Komisch", dachte der Fremde, „ich kenne den Kerl gar nicht!"*

A „……………………", _____, „………………!"

B _____: „………………………!"

C „………………………?", _____.

D „………………………", _____.

Welcher Satz passt zu welchem Muster?

2 Wer die Geschichte lieber nach folgender Wortliste erzählen möchte, erspart sich vielleicht einige Probleme mit der Rechtschreibung:

zurufen	Schlagzeile	bemerken
unbekannt	Bericht	feststellen, dass
Anzug	neugierig	verschwinden
bekleidet	bereitwillig	eilig
Plan	blättern	schimpfen
anreden	lesen	wütend
begrüßen	bücken	verfolgen
sich umdrehen	wegnehmen	öffnen
ergreifen	sich wundern	Kofferinhalt
Brille vergessen	Dieb	Verwirrung

 Suche die Verben aus dieser Liste heraus und setze sie ins Präteritum (die Vergangenheitsform):
anreden – er redete ihn an
begrüßen – er …

Erzählen — 10

plötzlich
ehe
während
längst
als
nachdem
bevor
obwohl

→ S. 120

beobachten
begegnen
jemand
Idee
empfehlen
interessant
vorsichtig
erschrecken
blass
fliehen
überrascht
verdutzt

Achtung: verbesserungsfähig!

Der raffinierte Dieb

Ein gut gekleideter Herr kam mit schnellen ⌐aus einem Kaufhaus. Er hatte einen⌐ Koffer in der Hand. An einer Straßenecke sah er einen Mann stehen, der eine Zeitung unter dem Arm hatte| der Herr ging aber einfach weiter und beachtete ihn gar nicht. Der ärmlich gekleidete Mann verfolgte den Herrn⌐, er sprach ihn an:⌐ Entschuldigen Sie bitte!⌐ Der elegant gekleidete Herr drehte sich⌐ um und sagte höflich:⌐ Ja, bitte? Sie wünschen?⌐ Der andere sagte: „Würden Sie mir wohl die Aktienkurse vorlesen? Ich habe meine Brille zu Hause⌐ und kann nicht feststellen, ob meine Aktien gestiegen sind." Der vornehme Herr war so verdutzt, dass er tatsächlich die Zeitung nahm und aufschlug. Der Herr musste dabei seinen Koffer auf den Boden stellen. Der Herr suchte eifrig nach den Aktienkursen. Währenddessen bückte sich der andere und griff nach dem Koffer und schlich sich davon, und als er merkte, dass der Mann und sein Koffer weg waren, ahnte er, was los war. Er suchte alle Straßen ab. Der raffinierte Dieb war schon über alle Berge.

Randnotizen:
- ⌐ Satz vervollständigen (TIPP 1)
- ⌐ zusätzliche Angaben machen (TIPP 4)
- | Satzschlusszeichen setzen
- ⌐ Sätze verbinden („und") (TIPP 3)
- ⌐ Redezeichen setzen (TIPP 5)
- ⌐ (TIPP 4)
- — Wortwiederholung (TIPP 2)
- ⌐ (TIPP 1)
- — (TIPP 2)
- Abwechslungsreich schreiben: umstellen (TIPP 6)
- Sätze vereinfachen Satzschlusszeichen setzen (TIPP 3)

 Dieser Entwurf muss noch überarbeitet werden. Hinweise dazu findest du auf dem Rand (und S. 73–81).

→ S. 73 ff.
→ S. 96

So war das nicht gemeint …

Eulenspiegel soll im 14. Jahrhundert gelebt haben. Die Geschichten (Schwänke) erzählen über ihn, dass er sich vor allem mit Handwerksmeistern, Gelehrten und Reichen anlegte.

1 Welche Eulenspiegelschwänke kennt ihr?
Was wisst ihr von Till Eulenspiegel?

2 … „Schmier mir die Kutsche gut. Denn gut geschmiert fährt besser", befahl ihm sein neuer Herr. „Ich will mich ein Stündchen niederlegen, damit ich wohl ausgeruht meinen hohen Gast abholen kann." Mit diesen Worten ließ er Eulenspiegel stehen und ging ins Haus …

Wie ist dieser Auftrag gemeint?

3 Ihr kennt Eulenspiegels List.
a) Was denkt er, nachdem sein Herr ins Haus gegangen ist um sich auszuruhen?
b) Wie wird er den Auftrag seines Herrn ausführen?

4 Spielt diesen Eulenspiegelschwank.
Dazu müsst ihr die Geschichte gliedern:

| Erzählanfang | ➔ | Hauptteil | ➔ | Erzählschluss |

Eine Erzählung aufbauen 13

Auf diese drei Teile müsst ihr auch beim Schreiben einer Erzählung achten:

Erzählanfang

Eulenspiegel konnte seine Späße nicht lassen, als er nach Erfurt kam, wo er bald mit Bürgern und Studenten bekannt wurde …

Eulenspiegel kam nach Berlin und arbeitete als Schneidergeselle …

Als nun Eulenspiegel nach Braunschweig kam zu der Bäckerherberge, da wohnte nebenbei ein Bäcker, …

5   a) Welche zwei wichtigen Angaben enthalten diese Erzählanfänge?
    b) Schreibe selbst einen Erzählanfang zu „Gut geschmiert fährt besser".

Eulenspiegel in einer anderen Stadt
*kam nach …, hielt sich auf …,
Geselle, wohnte in …,
war tätig, beschäftigt, in der Lehre, diente, …*

Hauptteil

Eulenspiegel erhält einen Auftrag

6   a) Denke dir dazu eine Ausgangssituation aus, in der eine gut geschmierte Kutsche notwendig ist, z. B.:
    Eines Tages wollte sein Herr so schnell wie möglich … .
    Erzähle weiter!

Eulenspiegel führt den Auftrag auf seine Weise aus
b) Was tut er wohl?
   Wie macht er das?
   Was braucht er dazu?
   *befahl, gebot, wies an, machte ab, bemalte …
   Farbe, Pinsel, hohe Leiter,*

Sein Herr entdeckt, was Eulenspiegel gemacht hat
c) Stell dir vor, wie Eulenspiegels Herr reagiert, als er in die Kutsche einsteigen will.
   Was sagt er? Was denkt er? Wie sieht er aus?
   *traute seinen Augen nicht, lief rot an, tobte,
   schrie wütend, regte sich auf, schimpfte, jammerte,
   fühlte sich betrogen, …*

Wie Eulenspiegel reagiert
grinste schadenfroh, blieb ruhig, freute sich, zufrieden …
d) Findest du noch andere Möglichkeiten?

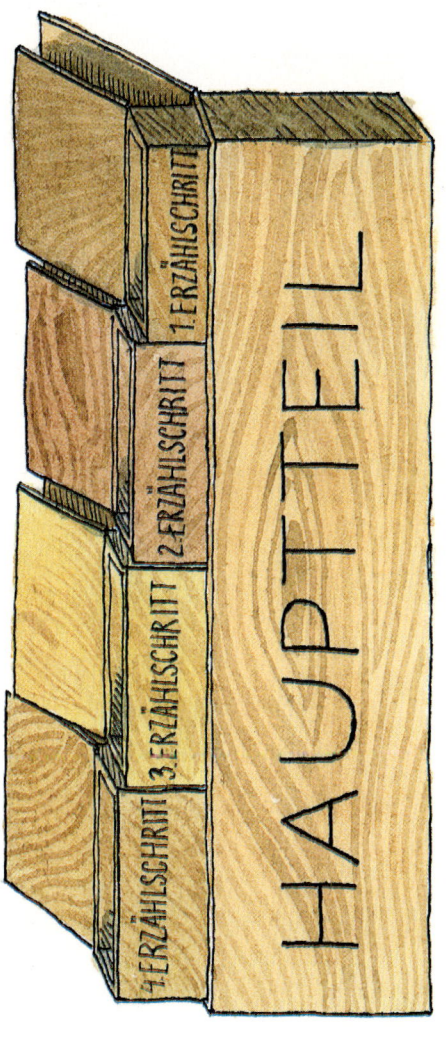

14 Texte überprüfen

Eulenspiegel
schmieren
nieder
ließ
dienen
dieser

→ S. 107

Erzählschluss

Seine Streiche haben Eulenspiegel selten geschadet
packte seine Sachen zusammen,
verabschiedete sich, beeilte sich,
auf Nimmerwiedersehen, verließ, ...

7 Schreibe einen Erzählschluss zu „Gut geschmiert fährt besser".

8 In diesem Eulenspiegelschwank kommen viele Wörter mit **ie** vor.

   a) Sprich sie laut. Achte darauf, wie der Vokal (Selbstlaut) hier gesprochen wird.

   b) Suche zusammengesetzte Wörter mit

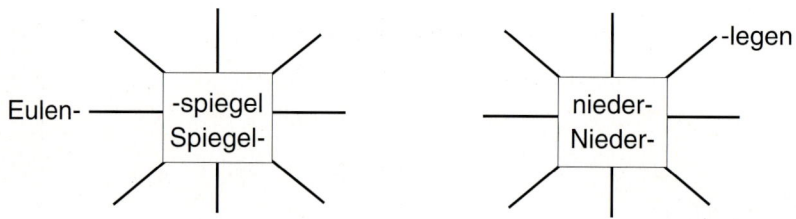

   c) Sammle weitere Wörter mit **ie**.
      Wenn du unsicher bist, ob ein lang gesprochenes **i** wirklich als **ie** geschrieben wird, schaue im Wörterbuch nach.

   d) Viele Verben verändern ihren Stammvokal im Präteritum (in der Vergangenheitsform):

Der Meister wollte Eulenspiegel r**u**fen.	– Er r**ie**f ihn.
Er wollte ihn holen l**a**ssen.	– Er l**ie**ß ihn holen.

   Schreibe genauso:

Man hörte ihn schreien.   *Er ...*
Er wollte ihn zur Seite stoßen.   *Er ...*
Er wollte die Stadt meiden.   *Er ...*
Er wollte nicht bleiben.   *Er ...*

   Suche weitere Beispiele!

9 In Eulenspiegelgeschichten stehen die meisten Verben im Präteritum:

Eulenspiegel kam nach ...
Er hielt sich in ... auf.

Überprüfe, ob du in deinem Text ebenfalls an den richtigen Stellen das Präteritum gewählt hast.

Erzählkern ausgestalten 15

wütend, gelassen, lächelte, lief rot an, schnappte nach Luft, traute seinen Augen nicht, scheinheilig, geduldig, seine Stimme überschlug sich, tobte, schrie, blieb ruhig, schelmisch, freute sich diebisch, …

10 a) Wähle eine Erzählsituation aus und schreibe eine Eulenspiegelgeschichte.
Die Wörter im Pinnzettel können dir nützlich sein.

b) Vielleicht fällt dir noch eine andere Redensart ein, die man so wie Eulenspiegel missverstehen kann.

➞ S. 124

16 **Einen Text ausarbeiten**

> Aufgezählte Tätigkeiten müssen durch Kommas oder **und** voneinander getrennt werden.
>
> ➞ S. 118

> Du kannst auch anderes aufzählen: Personen, Tiere, Pflanzen, Dinge (Nomen) oder Eigenschaften (Adjektive).

> Wörter, die eine Person oder einen Gegenstand näher bestimmen, sind **Adjektive**.
>
> ➞ S. 102

> Wenn diese Wörter ein Verb näher beschreiben, heißen sie **Adverbien**.

11 In Eulenspiegelgeschichten passiert vieles kurz hintereinander oder sogar gleichzeitig:

Eulenspiegel nahm den Braten unter den Rock,
      ➞ *ging damit hinweg und*
      ➞ *ließ die Metzger sich streiten.*

 a) Schreibe diesen Schluss einer Eulenspiegelgeschichte in dein Heft. Unterstreiche, was Eulenspiegel nacheinander tut, also die Verben.

 b) Schreibe den folgenden Ausschnitt aus einer Eulenspiegelgeschichte auf. Setze bei den Aufzählungen die fehlenden Kommas ein:

Eulenspiegel nahm den grauen Rock schnitt ihn auf machte daraus einen Wolf und ging zu Bett. Am Morgen stand der Meister auf weckte Eulenspiegel und ging in die Werkstatt. Da sah er den Wolf stehen.

c) Wenn du in deiner Eulenspiegelgeschichte erzählen willst, wie Eulenspiegel einen Auftrag ausführt, wie sein Herr darauf reagiert oder was Eulenspiegel zum Schluss tut, dann wirst du einiges **aufzählen** müssen:

 Eulenspiegel nickte, holte Farbe und Pinsel, stellte die Leiter ...

Überprüfe, ob du an einigen Stellen deiner Geschichte eine Aufzählung einarbeiten kannst. Achte auf die Kommas und das abschließende **und**!

12 In Eulenspiegelgeschichten kommt es besonders darauf an,
 – **wie** Personen **sind** und
– **wie** sie sich **verhalten**.

a) *Eulenspiegel ist ...*

Suche Adjektive, die zu Eulenspiegel passen:

ohne Endung	-ig	-lich	-isch	-bar	-sam	-end

b) Eulenspiegel hat eine besondere Art

  – zu lachen: *Er lacht **schelmisch**.*
  – zu schauen: *Er schaut **scheinheilig**.*
  – sich zu freuen: *Er freut sich **diebisch**.*
  – zu grinsen: *...?*
  – zu sprechen: *...?*
  – zu laufen: *...?*

 Baue solche Wörter auch in deine eigene Eulenspiegelgeschichte ein (Erweiterungsprobe).

Ob sie wirklich zaubern konnte?

Waldrun Behncke
Die Hexe

Jan hatte einen Freund und das war Willi Weseloh. Gleich wenn er aus der Schule kam, ging er zu Willi Weseloh hin. Willi Weseloh war der Hausmeister von dem Haus, in dem Jan wohnte.

Immer hatten sie etwas zu tun. „Na, Jan", sagte Willi Weseloh zum Beispiel, „dann wollen wir mal die Deckenlampe reparieren. Gib mir mal den Schraubenschlüssel Nummer fünf." Jan gab ihm den Schraubenschlüssel und dann schraubte Willi Weseloh die Lampe auf und sagte: „Ein Kurzschluss. Aha! Gib mir mal die Zange. So, jetzt stell die Sicherung aus." Und so gab es immer etwas zu arbeiten. Oder: Willi Weseloh sagte: „Dein Rad, Jan. Sieht ja schlimm aus. Hol mal einen Lappen. Und ein bisschen Seifenlauge." Und dann putzten und wienerten sie an dem Rad herum, bis es ganz blank war.

Eines Tages sagte Willi Weseloh zu Jan: „Merkwürdig, merkwürdig. Komisches Geräusch. Geh mal ins Treppenhaus, Jan, guck nach, was es ist." Sie waren nämlich gerade im Schuppen. Jan ging ins Treppenhaus. Und da – auf der Treppe – sprang eine kleine Hexe herum.

„Ich bin eine böse Hexe", sagte sie, „und du bist der blöde Jan und gleich verhex ich dich."

„In was denn?", sagte Jan.

„Das kommt darauf an", sagte die kleine Hexe, „ich glaub', ich verhex' dich in einen Pfannkuchen. Haha! Ich fresse dich, ich fresse dich!" Ihre Augen glitzerten gefährlich.

Jetzt wurde es Jan doch etwas unbehaglich. „I … in einen Pfannkuchen …", stotterte er.

„Mit Zucker und Zimt!", rief die Hexe. „Mit Paprika!" Und nun hüpfte sie und sprang sie mit dem Besen auf der Treppe herum. „Mit Pfeffer! Mit Pfeffer!"

Schon ging eine Tür auf. „Höi, was ist denn das hier für ein Lärm!" Willi Weseloh war es. „Na", sagte er, „neuerdings trampeln die Hexen im Treppenhaus rum. Das wird ja immer schöner." Er sah Jan an. „Habt ihr euch gestritten?" „Ich streite mich nicht mit einer Hexe", sagte er.

„Und du?", sagte Willi Weseloh zur kleinen Hexe. „Warst du böse?"

„Ja, war ich böse! Klar, war ich böse", rief die kleine Hexe begeistert. „Ich bin ja überhaupt so böse!"

„Aha", sagte er zur kleinen Hexe und packte sie am Kragen. „Dann geh dich mal waschen. Dahinten ist das Waschbecken."

Er schob sie in die Küche hinein, gab ihr Waschlappen, Seife und Handtuch und passte genau auf, dass sie sich auch ordentlich wusch.

Mit der Kleiderbürste wurde sie mal ordentlich abgestaubt und schließlich saß eine ganz nette, gestriegelte Hexe in Willi Weselohs Lehnsessel.

45 Sie biss behaglich in ein Marmeladenbrot und blinzelte Jan an. Und da merkte Jan es aber: Es war gar keine richtige Hexe. Es war ein kleines Mädchen. Sie hieß Emma Manuela Priebe und wohnte bei ihm nebenan, gleich um die Ecke. Er hatte aber noch nie mit ihr gespielt, weil sie viel kleiner war als er. Sie ging noch nicht in die Schule.

50 Emma Manuela Priebe sah ihn von der Seite an und nahm einen großen Bissen vom Marmeladenbrot.

„Na, na, nicht so hastig", sagte Willi Weseloh.

„Nicht so hastig", äffte ihn Emma nach. Und dann holte sie ein Kaninchen aus ihrer Rocktasche. „Nicht so hastig", sagte sie zum Kaninchen, „nicht
55 so hastig, mein Kind."

Das Kaninchen sah sie ängstlich an, aber sie stopfte es seelenruhig wieder zurück in ihre Rocktasche.

„Nanu", sagte Willi Weseloh, „was ist denn das?"

„Herr Höppner!", sagte Emma stolz. „Ich hab' ihn natürlich verzaubert."
60 Jan kriegte einen Schreck. Herr Höppner war nämlich kein anderer als Jans Vater.

„Zeig das Kaninchen nochmal her", sagte Willi Weseloh.

Sie zog das Kaninchen wieder aus ihrer Tasche und setzte es auf den Tisch und da saß es und schnupperte ängstlich an einem Marmeladenglas.
65 „Ob das wohl mein Vater ist?", dachte Jan. Das Kaninchen sah aber gar nicht wie sein Vater aus. Er war groß und hatte eine Brille.

„Äh ... Äh ...", sagte Jan, „warum hast du ihn denn verzaubert, angeblich?"

„Weil er frech war", sagte Emma zufrieden. „Er hat gesagt, ich kann nicht
70 zaubern, und da hab' ich es natürlich gemacht."

Und dann griff sie nach dem Kaninchen und guckte es ganz verliebt an und gleichzeitig kniff sie ihm in den Schwanz. Das Kaninchen war jetzt ganz durcheinander. Aufgeregt sah es Jan an.

„Lass sofort das Kaninchen los!", sagte Jan. Aber da sagte Willi Weseloh:
75 „So. Und jetzt bringst du es wieder in den Stall zurück. Wo du es herhast."

Es war nämlich Willi Weselohs eigenes Kaninchen, er hatte im Hof einen kleinen Kaninchenstall.

„Mach ich, mach ich ja", sagte Emma. Sie steckte das Kaninchen in ihre Rocktasche und auf einmal ... stürzte sie sich mit einem schrecklichen
80 und unheimlichen Gebrüll auf Willi Weselohs Klavier und spielte den Flohwalzer. Lachend lief sie dann hinaus.

„So", sagte Willi Weseloh, „und jetzt werden wir mal das Bord anbringen." Aber Jan konnte sich gar nicht mehr darauf konzentrieren. Er musste immer an Emma denken. Was sie wohl jetzt Freches machte?
85 Ob sie wohl wirklich zaubern konnte?

Ein bisschen vielleicht?

Jan will sein Erlebnis seiner Mutter erzählen

Du kannst nur das erzählen, was du als Jan auch wirklich weißt.

1 Stell dir vor, du wärst **Jan**.
Suche die Stelle, an der Jan mit dem Erzählen beginnen muss.

2 Was geschah zuerst? Was passiert dann? ...

3 Die Geschichte ist sehr lang. Einfacher wird sie, wenn du zu den einzelnen Abschnitten Überschriften bildest:
1. Jan und sein Freund, Hausmeister Weseloh
2. Die kleine Hexe im Treppenhaus
3. ...

4 Erzähle nun als **Jan** zu jeder Überschrift, was du erlebt hast.
Erzähle in der **Ich**form; z.B.:
Eines Tages sagte Willi Weseloh zu mir, als wir gerade im Schuppen hinter dem Haus waren: ...
Ich ging ins Treppenhaus ...

a) Welche Wörter haben sich gegenüber dem Text auf Seite 17 verändert?

b) Schreibe auch die folgenden Sätze in der Ichform:
– *Die kleine Hexe blinzelte ihn an.*   *Die kleine Hexe blinzelte mich an.*
– *Ihm wurde es unbehaglich.*   ...
– *Er stotterte.*   ...
– *Er hatte noch nie mit ihr gespielt, weil sie viel kleiner war als er.*

Wörter wie **ich**, **du**, **sie**, **wir**, die für eine Person eingesetzt werden können, heißen **Personalpronomen** (persönliche Fürwörter).

→ S. 127 f.

ihr, ihm,
ihnen,
ihre,
ihren

20 Erzählen aus veränderter Sicht — Personalpronomen

5 Was musst du beim Erzählen aus Jans Sicht in den folgenden Sätzen verändern?
Herr Höppner war nämlich kein anderer als Jans Vater. ...
Das Kaninchen sah aber gar nicht wie sein Vater aus. ...

> Wörter wie **mein**, **dein**, **sein**, **unser**, **euer**, **ihr** sind **Possessivpronomen** (besitzanzeigende Fürwörter).

6 Setze die richtigen Possessivpronomen ein:
„Was macht denn ❋ neue Freundin?", neckte der Vater.
„Sie ist nicht ❋ Freundin. Herr Weseloh kennt sie gut, sie ist ❋ Freundin", gab Jan brummig zur Antwort.
„Aber pfiffig ist sie", meinte der Vater, „vielleicht wird ja doch noch etwas aus ❋ Freundschaft. Auch wenn sie nicht in ❋ Haus wohnt."

7 Da du Jan bist, kennst du auch seine Gedanken und Gefühle. Wo erfährst du etwas darüber auf Seite 17 und 18?

8 a) Jan kann auf verschiedene Art und Weise seine Geschichte beenden, z. B.: *Ich hatte Emma natürlich sofort durchschaut, wollte ihr aber den Spaß nicht verderben.*

b) Schreibe einen Schluss für Jans Geschichte auf.

9 Schreibe die Zeilen 1–16 so um, dass sie der Anfang von Jans Geschichte sein können. In welcher Zeitform müssen sie stehen?

10 Nun erzähle die ganze Hexen-Geschichte aus Jans Sicht!

konzentrieren
seelenruhig
durcheinander
Hexe
beschäftigt
erschrocken
vielleicht
ärgerte
hereingefallen
Pfannkuchen
Klavier
Angst

Auch Emma erzählt die Geschichte, aber ganz anders ...

11 Wir wissen, was Jan gemacht hat, bevor er Emma traf.
Was könnte Emma vorher gemacht haben?
Warum wollte sie Jan einen Streich spielen?

12 Diese Wörter helfen dir beim Erzählen:

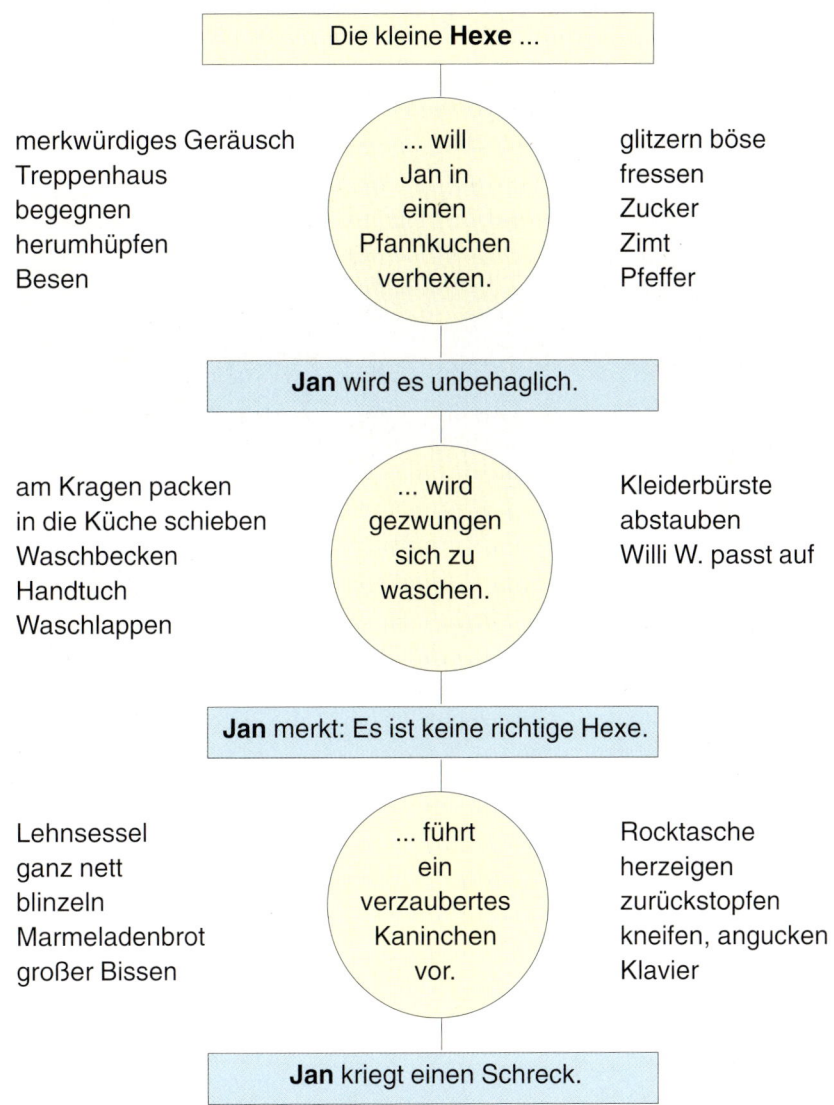

schließlich
endlich
nachher
danach
hinterher
zuletzt
diesmal

13 Emmas Geschichte endet natürlich anders als die von Jan oder Herrn Weseloh. Macht Vorschläge!

14 Und nun die ganze „Hexerei" mit den Augen von Emma!

Spielspaß

Spielanleitung

Alle besorgen sich Spielmarken oder Münzen, Bonbons, Nüsse oder ähnliche Dinge. Man würfelt mit zwei Würfeln; die beiden gewürfelten Zahlen werden addiert. Jeder Spieler/jede Spielerin hat reihum einen Wurf. Wer am jüngsten ist, darf anfangen.

Wer 3, 4, 5, 6, 8, 9, 10 oder 11 würfelt, setzt auf das Feld dieser Nummer eine Marke. Wenn dort aber schon eine Marke liegt, braucht er nichts hinzuzulegen, sondern er darf die dort liegende Marke wegnehmen.
Wer 7 würfelt, legt nur eine Marke auf dieses Feld (Hochzeit), nimmt aber nichts weg.
Wer 2 würfelt, hat Glück. Er braucht nichts hinzulegen und darf alle Felder leeren, nur nicht das Hochzeitsfeld 7.
Wer 12 würfelt, ist „König" oder „Königin". Er gewinnt sämtliche Einsätze, auch diejenigen des Hochzeitsfeldes.

Ende:
Wer keine Einsatzmarken mehr zur Verfügung hat, scheidet aus. Wer zuletzt übrig bleibt, erhält den ganzen noch auf dem Plan liegenden Einsatz.
Man kann, um die Partie zu verkürzen, auch vorher vereinbaren, wie lange gespielt wird. Dann wird zum Schluss der noch auf dem Plan liegende Einsatz gleichmäßig auf die noch nicht ausgeschiedenen Spieler und Spielerinnen verteilt.

Nomen – Verb
der Würfel – würfeln
die Zahl – …
das Spiel – …
der Wurf – …
der Gewinn – …
die Verteilung – …

Spielanleitungen verstehen 23

1 Übertragt das Spiel auf Karton oder Packpapier.

2 Lest die Spielregeln durch und probiert sie beim Spielen aus.

3 Damit ihr nicht immer wieder in der Spielanleitung nachschauen müsst, könnt ihr euch einen kurzen Notizzettel machen.

- bei 3, 4, 5, 6, 8, 9, 10, 11 setzen oder wegnehmen
- bei 7 ...
- bei 2 ...
- ...

4 Die ungeordneten Stichwörter auf dem Pinnzettel verraten euch, was in einer vollständigen Spielanleitung stehen muss.

a) Stellt mit Hilfe der Spielanleitung zum „Glückshaus" eine sinnvolle Reihenfolge der Stichwörter her.
Vergleicht auch mit anderen Spielanleitungen.

b) Wenn ihr auf mehrere Lösungen kommt, vergleicht sie miteinander und überlegt, ob mehrere Ergebnisse richtig sein können.

c) Sind alle Angaben auf dem Pinnzettel für jedes Spiel notwendig?

Ziel des Spiels
Spielende
Spielregeln
Spielmaterial
Spielbeginn
Art des Spiels
Zahl der Mitspieler und Mitspielerinnen
Name des Spiels

5 Bringt Spiele mit und erklärt sie denen, die sie nicht kennen.

6 würfeln – überspringen – verlieren – mischen – zählen – aussetzen – nehmen – rücken – ausgeben – halten – ziehen – werfen – ablegen – wählen – gewinnen – aufstellen – treffen – schlagen – erreichen

a) In der Spielanleitung kommen diese Verben in verschiedenen Formen vor. Schreibe sie so auf:

du — schlägst / wirfst / hältst   er/sie/es — schlägt   man

du wirfst
du verlierst
du zählst
du wählst
du triffst
du hältst
…

➡ S. 127

b) Untersuche, wie sich die Verben verändern, und ordne sie nach diesen drei Beispielen:

mischen — du mischst — man mischt
nehmen — du nimmst — man nimmt
aufstellen — du stellst auf — man stellt auf

Spielregeln verändern

1 Manche Spiele werden mit der Zeit langweilig.
Habt ihr schon einmal probiert neue Spielregeln einzuführen?
a) Schreibt die Regeln, die ihr kennt, auf die linke Hälfte eines Blattes.
 b) Überlegt, welche Regeln sich verändern lassen. Der Pinnzettel auf S. 23 kann euch helfen dabei nichts Wichtiges zu vergessen.
c) Erfindet neue Spielregeln und schreibt sie auf die rechte Seite des Blattes. Wenn ihr sie ausprobiert habt, gebt sie anderen Spielern und Spielerinnen.

Alte Regel	Neue Regel
Kommt ein Spielstein auf ein Feld, das schon besetzt ist, darf er die dort stehende Figur zum Ausgangspunkt zurückschicken.	*Kommt ein Spielstein auf ein bereits von einem anderen besetztes Feld, rücken beide zusammen um die gewürfelte Zahl weiter.*
Die Spielfiguren rücken um die Anzahl der Augen des Würfels weiter. Bei „Sechs" muss eine neue Figur ins Spiel gebracht werden; man darf auch noch einmal würfeln.	*Bei geraden Zahlen setzt man die eigene Spielfigur weiter, bei ungeraden Zahlen die der anderen Mitspieler und Mitspielerinnen.*

2 So können andere überprüfen, ob eure neuen Regeln verständlich sind:
 Beispiel 1:

Du beschreibst das Blatt halbseitig,	die anderen schreiben ihre Fragen auf die rechte Seite.
Wenn sich drei Spieler/innen treffen, müssen alle warten, bis eine/r eine „6" gewürfelt hat.	*Müssen alle Mitspieler/innen warten oder nur die drei, die auf einem Feld stehen?*

Beispiel 2:
Du lässt nach jeder Zeile eine Zeile frei für die Fragen der anderen.

Wenn sich drei Spieler/innen treffen, müssen alle
Alle drei?
warten, bis eine/r eine „6" gewürfelt hat.

---

ich muss
du musst
er/sie/es muss
wir müssen
ihr müsst
sie müssen

→ S. 126
→ S. 114

3 Eine Spielanleitung kann man sehr unterschiedlich aufschreiben:

A	B	C	D
*Zuerst **stellst** **du** deine vier Spielklötzchen in das Ausgangsfeld.*	***Stelle** zuerst deine vier Spielklötzchen in das Ausgangsfeld.*	***Man stellt** zuerst seine vier Spielklötzchen in das Ausgangsfeld.*	*Zuerst **werden** die vier Spielklötzchen in das Ausgangsfeld **gestellt**.*
...	...	...	...

a) Entscheide dich für B, C oder D und schreibe den folgenden Text um:
Zuerst stellst du deine vier Spielklötzchen in das Ausgangsfeld. Wenn du dreimal eine Eins würfelst, darfst du eine Spielfigur auf den Startpunkt setzen. Nun rückst du nach der Anzahl der gewürfelten Augen vorwärts. Überspringst du dabei das Spielklötzchen eines Mitspielers/ einer Mitspielerin, musst du eine Runde aussetzen.
Wirfst du jemanden hinaus, weil er/sie das Spielfeld besetzt, darfst du noch einmal würfeln. Erreichst du dann aber eine Sechs, musst du um sechs Felder zurückrücken.

b) Kann man Spielregeln noch anders formulieren als in A, B, C oder D?

> ... eine **E**ins
> (**V**ier, **D**rei ...)
> würfeln ...
> **aber:**
> ... um **e**ins
> (**v**ier, **d**rei ...)
> Felder vorrücken ...

4 Bei Spielanleitungen kommen manche Wörter besonders oft vor:

a) Schreibe die zusammengesetzten Nomen ab und ergänze die Liste.

das Ballspiel — der Spielball
das Kartenspiel — die Spielkarte
... — ...

b) Finde heraus, wonach sich der Artikel (**der**, **die**, **das**) richtet, und formuliere eine Regel! Eine kleine Lösungshilfe:

Bestimmungswort	Grundwort
Karten	*spiel*
Spiel	*karte*

5 Bevor du ein Spiel erfindest, noch ein paar Tipps zur Rechtschreibung.

 a) Schreibe diese Stichwörter aus einer Spielanleitung in Schreibschrift:

Vier Wörter musst du großschreiben.
Wie hast du die **Nomen** herausgefunden?

b) Nicht immer steht beim Nomen ein bestimmter oder unbestimmter Artikel:
das Spielklötzchen überspringen …   **dein** Spielklötzchen setzen …
vier Spielklötzchen benötigen …   **mit** Spielklötzchen spielen …
Welches Wort in den Beispielen ist
– ein Artikel (Begleiter)?
– ein Possessivpronomen (besitzanzeigendes Fürwort) wie **mein**, **unser**?
– eine Präposition (Verhältniswort) wie **auf**, **zwischen**, **über**?
– ein Mengenwort wie **viele**, **wenige**, **neun**?

c) Was fällt dir an diesem Beispiel auf:
  *mit **dem** Spielklötzchen …*   *mit **den vier** Spielklötzchen …*
  *mit **deinem** Spielklötzchen …* *mit **deinen vier** Spielklötzchen …*
Ergänze nach diesem Muster: *mit der Spielfigur*
Schreibe ähnliche Stichwörter mit folgenden Begleitern:
  ohne …   *eine …*   *meine …*   *ein paar …*

d) Du erinnerst dich:

Nomen sind Namen für Dinge und Lebewesen (Konkreta):	Nomen können aber auch etwas benennen, was du nicht sehen, hören oder anfassen kannst (Abstrakta):
der Würfel *die Mitspieler* …	*die Spielidee* *der Ärger* …

 Suche weitere Nomen in diesem Kapitel. Ordne sie in die Tabelle.

> Wenn ich mich ärgere, kann man mir das ansehen, aber den Ärger hat noch niemand gesehen …

Wie geht das?

Nun kommt die kniffligste Aufgabe: Ihr sollt selbst ein Spiel erfinden!

1 So könnt ihr vorgehen – entweder alleine, in Partner- oder in Gruppenarbeit:

a) **Ideen sammeln**
- Alle Ideen auf einen Notizzettel schreiben oder auf Kassettenrekorder sprechen.
- Jeder/Jede hat einen Zettel vor sich und macht sich Notizen, während die anderen Vorschläge machen.
  So geht keine Idee verloren.
- Vereinbart, was geschehen soll, wenn mehrere gleichzeitig reden wollen.

b) **Ideen auswerten**
- Sprecht über eure Notizen und sucht die besten Ideen heraus. Unterstreicht sie oder macht Kreuzchen daneben. Überflüssiges streicht ihr am besten durch.
- Wenn ihr mehrere gleich gute Ideen habt, versucht sie miteinander zu verbinden.
- Erst wenn ihr gar keine andere Lösung findet, solltet ihr abstimmen.

c) **Das Spiel aufschreiben**
Bringt eure Ideen in eine Reihenfolge, indem ihr mit einem farbigen Stift die Stichworte nummeriert.
Nun könnt ihr einen Spielentwurf schreiben:
- Jeder/Jede schreibt eine Spielanleitung auf, bespricht sie mit anderen und korrigiert sie dann selbst oder lässt sie korrigieren.
- Ihr könnt euch die Arbeit auch teilen:
  Einige arbeiten das Spielbrett aus, einige stellen das Spielbrett her und andere entwerfen den Text.

2 Stellt aus den fertigen Texten eine Spielekartei für die Klasse zusammen.

3 Wer an diesem Thema interessiert ist, kann in der Bücherei Spielebücher entleihen und der Klasse neue oder besonders originelle Spiele vorstellen.

4 Bei einer Umfrage auf dem Schulhof könnt ihr eine Hitliste der beliebtesten Spiele aufstellen.

Achtung: Alle Ideen, auch die verrücktesten und scheinbar unbrauchbaren, sind erlaubt und werden festgehalten. **Nicht diskutieren, nur sammeln!**

30 Texte überarbeiten

Lena hat zum Spiel auf Seite 28/29 folgenden Spielvorschlag:

Annotationen (rot)	Text (blau)
Wie kann man die herstellen? Wie viel verschiedene Farben gibt es?	**Spielmaterial:** 9 Papierhütchen in verschiedenen Farben, ein Würfel.
→ S. 97 — R: Schlosses	**Ziel des Spieles:** Wer zuerst das Zauberband aus der Schatzkammer des Schloßes holt und nach Hause bringt, kann gewinnen.
Was ist mit den Spielerinnen? Mein Vorschlag: Wer mitspielt...	Jeder Spieler wohnt mit drei Spielhütchen in einem der Dorfhäuser. Wer eine 6 hat, darf sich ins Stadttor stellen, nochmal würfeln und um diese Zahl vorrücken.
TIPP 2 — Ersatzprobe: ...eine Spielfigur	Kommt ein Spieler zu einer Kreuzung, an der ein grüner Weg abgeht, so muss er den Waldweg zum Schloss nehmen und darf die weiße Straße erst wieder hinter der Brücke betreten. Kommt ein Spieler
TIPP 2 — Wiederholung. Ersatzprobe: Rückt eine Spielfigur auf ein Feld vor, das...	auf ein Feld, das schon besetzt ist, darf er das Hütchen verschlucken, indem er darauf springt. Dann muss der andere Spieler mit einem neuen Hütchen aus seinem Haus loslaufen. Wer auf ein Kerzenfeld kommt, wird in eine Flamme verzaubert und kann nicht von
Denke an die Mitspielerinnen (Ersatzprobe)	anderen verschluckt werden. Die Figur, die zuerst auf das Schlüsselfeld trifft, bekommt das Zauberband umgebunden, das sie so schnell wie möglich nach
R: trifft (von treffen)	

Texte überarbeiten 31

Hause bringen muss. Nun machen die anderen Figuren Jagd auf das! [Satz zu Ende schreiben] Dazu müssen sie so nah an die Spielfigur mit dem Zauberband herankommen, dass sie höchstens 5 Felder von ihr entfernt sind. Sie sprechen dann den Zauberspruch: "Minimal und Maximal, ich erobere dich mit welcher Zahl?" Der Spieler, dessen Figur das Zauberband trägt, darf dann eine beliebige Würfelzahl angeben. Würfelt der Verfolger diese Zahl, bekommt er das Zauberband. [Was geschieht, wenn er eine andere Zahl würfelt? Ist das Spiel dann zu Ende?] Wer zuerst das Feld unter dem Stadttor mit dem Zauberband erreicht, erhält 50 Punkte. Für jedes Hütchen, das er verschluckt hat, gibt es 10 Punkte. Die höchste Punktzahl gewinnt. Wer vom Gewinner verschluckt wurde, erhält 10 Extrapunkte. Zum Schluss werden die Punkte aller Figuren mit derselben Farbe zusammengezählt. Gewonnen hat die höchste Punktzahl.

TIPP 1

R
R
R
R

5 Thomas hat Lenas Entwurf durchgelesen und kommentiert.

a) Was fällt dir selbst noch beim Durchlesen auf?

b) Schreibe eine überarbeitete Fassung von Lenas Spielentwurf auf.

c) Probiert aus, ob die Spielanleitung eindeutig ist.

Klasse 6 unterwegs

Planen ist gar nicht so leicht ...

Tanja: Wir wollen heute beraten, wohin unser nächster Klassenausflug gehen soll.

Miriam: Wir spielen Schnitzeljagd! Die Jungen müssen uns suchen.

Sven: Das könnte euch so passen! Ihr legt wieder einen Irrweg aus, wie beim letzten Mal: Dann setzt ihr euch ins Café und wartet gemütlich, bis wir kommen.

Arne: Immer diese Kaffeetanten. Lasst uns lieber auf einen Abenteuerspielplatz gehen.

Torsten: Guck dich im Spiegel an, dann hast du genug Abenteuer!

Kerstin: Ich würde lieber ein interessantes Museum besuchen, wo ich nicht alle Tage hinkomme.

Katrin: Streberleiche! Im Museum steht doch nur alles dumm rum und du musst daran vorbeilatschen.

Jessica: Stimmt ja gar nicht. Es gibt Museen, in denen man selber etwas ausprobieren kann oder wo Führungen extra für Kinder veranstaltet werden.

Tanja: Lasst uns abstimmen. Wenn ich das richtig sehe, haben wir zwei grundsätzlich verschiedene Wünsche. Einige von euch möchten lieber durch die Gegend laufen und entweder auf einem Abenteuerspielplatz rumtoben oder aber ein Geländespiel machen. Andere, wie zum Beispiel Kerstin, würden lieber etwas besichtigen, was sie nicht alle Tage sehen. Wer ist für das Herumtoben draußen? Moment, lasst mich zählen! Es sind genau 14! Wer ist für einen Museumsbesuch. ... elf, zwölf, dreizehn.

Katrin: Juchhu, wir haben gewonnen.

Kerstin: Und wir fahren nicht mit.

1 Lest diese Diskussion mit verteilten Rollen.

2 Was fällt euch auf?
  a) Abstimmungen sind manchmal keine gute Lösung für eine Streitfrage. Untersucht diese Behauptung an der Diskussion der Klasse 6.
  b) Was könnte die Klasse in dieser Situation tun?

Eva: Aber ich finde es blöd, wenn wegen einer Stimme Unterschied fast die Hälfte der Klasse keine Lust hat mitzumachen. Ich würde gerne noch einmal fragen, warum die einen gerne wandern wollen, während die andern lieber etwas ansehen.

Miriam: Ich möchte mich lieber bewegen und etwas tun als mir in muffigen Räumen die Beine in den Bauch zu stehen.

Kerstin: Mit einigen von euch bin ich erst letzte Woche an meinem Geburtstag durch den Wald gelaufen. Dazu brauche ich keine Klassenfahrt.

Tanja: Ich fasse nochmal zusammen: Wir brauchen also einen Vorschlag, bei dem die einen sich bewegen und draußen herumlaufen und die anderen sich etwas Besonderes ansehen können. Hat jemand eine Idee?

Kai: Ich bin mal in einem Freilichtmuseum gewesen, in dem auf einem großen Gelände lauter alte Häuser standen. In jedem der Häuser wurden ein altes Handwerk oder alte Industriemaschinen gezeigt. Es gab Vorführungen und in manchen Häusern konnte man selbst etwas tun. Ich glaube, dass ich zu Hause noch einen Prospekt habe.

Tanja: Ich schlage vor, dass wir die endgültige Entscheidung vertagen, bis wir uns über dieses Museum informiert haben. Sind alle einverstanden? Gut, dann schließe ich die Sitzung für heute.

3 Die Klasse hat eine besondere Form der Problemlösung gefunden. Untersucht, wie hier ein Kompromiss zu Stande kommt.

4 Tanja ist eine geschickte Gesprächsleiterin! Wie verhält sie sich in dieser Rolle? Notiert auch das als Hilfe für eine Gesprächsleitung.

5 Erprobt selbst bei einer Diskussion, was passiert, wenn jemand von euch die Gesprächsleitung übernimmt.

Fragen über Fragen ...

Als die Klasse am nächsten Tag den Prospekt des Freilichtmuseums sieht, hagelt es Fragen von allen Seiten:
– Wie kommen wir zum Museum?
– Wie viel wird es kosten?
– Kann man dort Andenken kaufen?
– Gibt es etwas zu essen?

1 a) Schaut euch den Prospekt auf den folgenden Seiten an. Habt ihr noch weitere Fragen und Anregungen?
  b) Es wäre sehr zeitaufwendig, wenn alle in der Klasse sämtliche Fragen gemeinsam klären wollten. Wie könnt ihr sinnvoll vorgehen?

„Kompromiss" – was ist das?

Museum
Führung
Rallye
Information
Abteilung

← Zur Mühle VI. 1

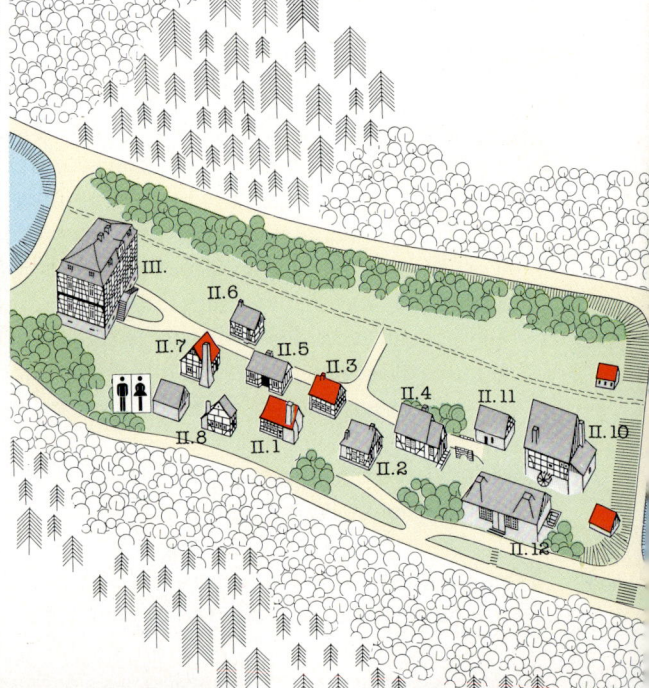

I.	Abteilung Nichteisenmetalle
I. 1	Kupferhammer
I. 2	Kupferschmiede
I. 3	Gelbgießerei
I. 4	Messingstampfe
I. 5	Kuhschellenschmiede
I. 6	Zinkwalzwerk
I. 7	Goldschmiede

II.	Abteilung Eisen und Stahl
II. 1	Kleineisenschmiede
II. 2	Feilenhauerei
II. 3	Bohrerschmiede
II. 4	Beilschmiede
II. 5	Nagelschmiede
II. 6	Kaffeemühlenschmiede
II. 7	Windenschmiede
II. 8	Kettenschmiede
II. 9	Huf- und Wagenschmiede
II. 10	Aufwurfhammer
II. 11	Reck- und Breitehammer
II. 12	Hammerwerk
II. 13	Sensenhammer
II. 14	Drahtzieherei
II. 15	Holmacherei

III.	Abteilung Deutsches Schmiedemuseum

IV.	Abteilung Druck und Papier
IV. 1	Büttenpapiermühle
IV. 2	Pappemühle
IV. 3	Druckerei

V.	Abteilung Holzbearbeitung
V. 1	Schreinerei, Holzschuhmacherei, Löffelschnitzerei
V. 2	Sägemühle
V. 3	Stellmacherei

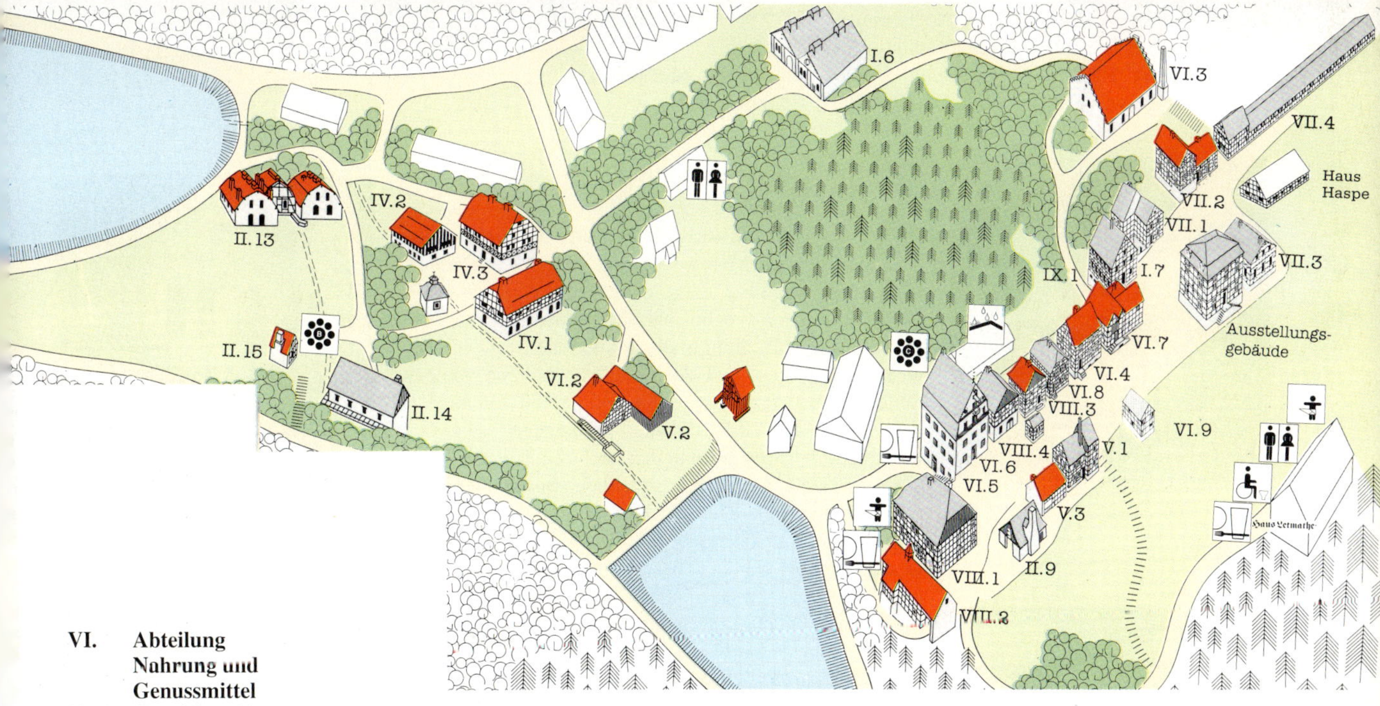

VI. Abteilung Nahrung und Genussmittel
- VI. 1 Getreidemühle
- VI. 2 Ölmühle
- VI. 3 Dampfmahlmühle
- VI. 4 Bäckerei
- VI. 5 Brauerei
- VI. 6 Obstbrennerei, Essigbrauerei, Senfmühle
- VI. 7 Tabakfabrik
- VI. 8 Kolonialwarenladen, Fleischerei
- VI. 9 Räucherei

VII. Abteilung Fasern/Leder/Felle
- VII. 1 Kürschnerwerkstatt, Weißgerberei
- VII. 2 Schusterwerkstatt, Orthopädische Werkstatt, Sattlerei, Treibriemenwerkstatt, Polsterei, Portefeuillewerkstatt
- VII. 3 Blaufärberei
- VII. 4 Seilerei

VIII. Abteilung öffentliche Einrichtungen
- VIII. 1 Gasthof
- VIII. 2 Remise
- VIII. 3 Bürgermeisteramt
- VIII. 4 Brückenwaage

IX. Abteilung Stein/Keramik/Glas
- IX. 1 Achatschleiferei

Westfälisches Freilichtmuseum Hagen
Landesmuseum für Handwerk und Technik
Landschaftsverband Westfalen-Lippe

Das Westfälische Freilichtmuseum Hagen, eines der sechs Landesmuseen des Landschaftsverbandes Westfalen-Lippe, erstreckt sich über einen 2,5 km langen Abschnitt des Mäckingerbachtales, eines der schönsten Wiesentäler des vorderen Sauerlandes. Auf einer Fläche von ca. 42 ha sind nahezu 60 historische Werkstätten und Fabrikbetriebe wieder errichtet worden. Das Westfälische Freilichtmuseum Hagen, Landesmuseum für Handwerk und Technik, wurde 1963 offiziell gegründet und ist seit dem Frühjahr 1973 der Öffentlichkeit zugänglich. Die ersten Überlegungen zur Planung des Museums gehen jedoch bis in die 1930er-Jahre zurück. Während sich viele Freilichtmuseen in Deutschland und Westeuropa der Darstellung des bäuerlich-ländlichen Alltags widmen, reifte vor annähernd 60 Jahren die Idee in diesem Museum die Geschichte des Handwerks und der Technik Westfalens zu dokumentieren.

Das Museum spannt einen weiten Bogen von den ländlichen und kleinstädtischen Handwerksbetrieben des ausgehenden 18. Jahrhunderts über die frühindustriellen Produktionsstätten bis hin zur Phase der Hochindustrialisierung. Es dokumentiert so annähernd den Zeitraum zwischen 1780 und dem Ende des 19. Jahrhunderts.

Vorführung und Produktion

Ein wesentlicher Schwerpunkt des Museums liegt auf der Vorführung von Maschinen und Handwerksgeräten. Geschultes Personal zeigt zahlreiche Werkstätten in Betrieb und erklärt technische Zusammenhänge. Soweit sicherheitstechnisch möglich, können die Besucher sich an der Herstellung von Gegenständen beteiligen, wie z.B. Seile schlagen, Papier schöpfen, Postkarten drucken.
Zur Zeit wird in 20 Werkstätten „produziert". Die Zahl der Vorführbetriebe wird in den nächsten Jahren ständig steigen, sodass Sie auch bei weiteren Besuchen immer wieder Neues entdecken können.
Vorführtermine entnehmen Sie bitte der Informationstafel am Museumseingang. Wir bitten um Verständnis, dass nicht zu jeder Zeit in allen Werkstätten Vorführungen stattfinden können. In folgenden Werkstätten wird „produziert": Nagelschmiede*, Hammerwerk*, Sensenhammer, Druckerei*, Holzschuhmacherei*, Schreinerei*, Tabakfabrik*, Goldschmiede*, Achatschleiferei*, Treibriemenwerkstatt, Seilerei*, Blaufärberei*, Ölmühle, Messingstampfe*, Kuhschellenschmiede*.
In den mit * gekennzeichneten Werkstätten werden Gebrauchsgegenstände hergestellt, die im Kolonialwarenladen (VI. 8) des Museums zu erwerben sind. Da es sich nicht um Produktionsbetriebe, sondern um Vorführwerkstätten handelt, können nicht immer alle Artikel vorrätig sein.

**Diskutieren
Piktogramme**

Führung: ja oder nein?

Einige aus der Klasse möchten gerne eine Führung machen, andere würden das Museum lieber auf eigene Faust erkunden.

1 a) Tragt Argumente zusammen, die dafür oder dagegen sprechen:

In den folgenden historischen Objekten können Sie sich nach Vereinbarung an der Herstellung von Gegenständen beteiligen:
Nagelschmiede: Anfertigen kleiner Nägel
Druckerei: Postkartendruck
Papiermühle: Schöpfen von Büttenpapier
Seilerei: Springseile
Das Angebot wird laufend erweitert.

Wir bitten alle Gruppen sich spätestens 14 Tage vor dem gewünschten Termin anzumelden. Ihre Anmeldung ist verbindlich, wenn Ihnen von uns eine schriftliche Bestätigung zugeht.
Bitte machen Sie bei Ihrer Anmeldung folgende Angaben:
Gewünschtes Datum und Uhrzeit
Gewünschter Führungsbereich
Teilnehmerzahl
Jahrgangsstufe/Schulform
Vorkenntnisse und Interesse der Teilnehmer

Treffpunkte der Führungen entnehmen Sie bitte dem umseitigen Lageplan.
Dauer der Führung: 1 Stunde
Größe der Gruppe: Maximal 40 Teilnehmer
Kosten der Führung:
DM 40,-, für Schulklassen DM 20,-
Fremdsprachige Führungen:
Englisch, Französisch, Italienisch, Spanisch.

b) Überlegt, was ihr im Einzelnen tun müsst um euch anzumelden.

2 Wer das Museum alleine besichtigen will, muss Karten und Hinweiszeichen lesen können.
a) Was bedeuten die folgenden Piktogramme?

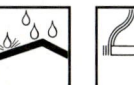

b) Welche Vorteile haben solche Bildzeichen? Gibt es auch Nachteile?
c) Welche Zeichen auf der Karte (S. 34 f.) sind nicht erklärt?

Fotografieren und Filmen
für den privaten Gebrauch ist gestattet. Einschränkungen entnehmen Sie bitte den entsprechenden Hinweisen. Die kommerzielle Verwertung von Ton und Bild unterliegt unserer vorherigen schriftlichen Zustimmung.

Rollstühle
Am Museumseingang halten wir für Gehbehinderte eine begrenzte Anzahl von Rollstühlen bereit. Wenden Sie sich bitte direkt an die Museumskasse.

Behinderten-WC
Behindertengerechte Sanitäranlagen befinden sich am Parkplatz, im Eingangsbereich und in der Museumsgaststätte.

Baby-Wickelraum
Zum Wickeln Ihres Babys und zum Stillen finden Sie im Gasthof zur Post und in der Museumsgaststätte eingerichtete Räume.

Gastronomie
Im oberen Bereich des Museums heißt Sie unsere Gastronomie in der Altbierstube und in der Museumsgaststätte „Haus Letmathe" herzlich willkommen. Für den kleinen Hunger gibt es einen Schnellimbiss.

Schuhwerk
Da viele Wege im Museum gepflastert sind, empfehlen wir Ihnen bequemes und festes Schuhwerk.

37

Die Museumsrallye

Melanie schlägt vor, dass die Klasse morgens verschiedene Werkstätten besucht. Nachmittags könnte dann eine Rallye gestartet werden: „Mehrere Gruppen arbeiten mit dem Prospekt Wegbeschreibungen aus. Während der Besichtigung morgens denken sie sich dann Aufgaben aus, die die anderen nachmittags lösen müssen." Kai ergänzt: „Dann machen wir es aber so, dass jede Beschreibung fünf Stationen anlaufen muss, die über das ganze Gelände einigermaßen gleichmäßig verteilt sind."

→ S. 73 ff.
→ S. 96 f.

Hier ist Miriams Rallye-Entwurf. Weil sie schon einmal in dem Museum gewesen ist, hat sie sich schon einige Aufgaben ausgedacht:

Anmerkungen am Rand (rot):

- Alle anderen Verben stehen in der Befehlsform (Imperativ)
- Was ist ein Rondell?
- Welche ist gemeint?
- Wortwiederholungen, Ersatzprobe!
- ⌈ Satz ergänzen
- Wortwiederholungen

Text:

Vom Eingang nach rechts gehen, an den Toiletten vorbei. Folgt dem Weg bis in das kleine Rondell. Das letzte Ausstellungshaus ist .... (..., das wie ein Kreisverkehr aussieht)
Wie viel Stücke findet ihr von dem, was dort hergestellt wird?
.... Stück. Geht nun wieder zurück am Eingang vorbei bis zum Treffpunkt A. Nehmt den Weg, der rechts am Kupferhammer vorbeiführt. An der nächsten Kreuzung (...an der sich vier Wege treffen) biegt ihr links ab und geht ein Stück zurück. Das erste Haus auf der rechten Seite ist die ....
Dort sollt ihr (weiß ich noch nicht!)
Wenn ihr hinter dem Haus rechts abbiegt, geht ihr zu einem kleinen Trampelpfad. Auf dem geht ihr nach rechts und am Ende des Teichs nach links. Geht auf dem kürzesten Weg bis zum nächsten Teich. Biegt unmittelbar vor ihm nach links ab, ⌈ an der nächsten Kreuzung nach rechts und ⌉ dann wieder nach links ab. Rechter Hand steht ein dreistöckiges Haus mit einem großen Dachgeschoss. Wie viel Fenster kann man von außen sehen? .... Stück. Lasst das Haus links liegen, wenn ihr weitergeht. Zwei Häuser weiter steht ihr plötzlich vor einem kleinen Häuschen, das vor den anderen Häusern steht. Es ist .... Zählt die Fässer auf dem Wagen, der davor steht: .... Stück. Wenn ihr der Straße weiter folgt, müsst ihr einen kleinen Bogen nach links und dann wieder nach rechts machen. Ihr gelangt dann zum längsten Haus des Museumsdorfs. Was befindet sich darin? ....
Wie lang ist das Haus? .... Meter.

Präpositionen
Relativsätze

1 Versucht Melanies Wegbeschreibung auf dem Prospekt zu folgen.

2 Die Kinder der Gruppe haben dort, wo ihnen die Beschreibung nicht gelungen erschien, Fragen an den Rand geschrieben. Melanie hat sie zum Teil bearbeitet.
a) Wenn ihr weitere Fragen habt, notiert sie.
b) Setzt die Überarbeitung fort und versucht die Fehler zu korrigieren.

hinauf
hinunter
herab
herunter
herum
herauf

3 a) Versucht anhand des Prospektes ähnliche Wegbeschreibungen zu formulieren. Aufgaben könnt ihr natürlich nicht stellen. Oder doch? Lasst einen breiten Rand für Anmerkungen. Schreibt zweizeilig.
b) Gebt eure Wegbeschreibungen anderen. Arbeitet ihre Anmerkungen ein.

4 Bei einer Wegbeschreibung braucht ihr **Präpositionen** (Verhältniswörter):
vor   zwischen   bei   über   mit   durch   nach   hinter
a) Sucht Präpositionen in Melanies Text und schreibt sie auf.
b) Manche Ortsangaben sind gar nicht so leicht zu gebrauchen:

➡ S. 126

Das Haus liegt/steht …   auf …   vor …
Miriam geht/läuft …   an …   neben …
zwischen …   in …
hinter …   über …

… und wie plant ihr eure eigene Fahrt?

Schreibt einige Beispiele auf:
Das Haus liegt (wo?) *hinter dem Teich.* (Dativ)
Miriam geht (wohin?) *über den Steg.* (Akkusativ)

5 Wenn eine Beschreibung nicht genau genug ist, muss man sie erweitern. Melanie hat zweimal ganze Sätze eingefügt:
*… das kleine Rondell, **das wie ein Kreisverkehr aussieht**.*
*… Kreuzung, **an der sich vier Wege treffen**, biegt …*
Es sind noch andere Erweiterungen denkbar:

… der Weg, **der zur Gaststätte führt**.

… die Straße, **die zwischen den Teichen verläuft**.

… das Wegstück, **das man am Rande des Dorfes sieht**.

a) Achtung: **der, die das** sind hier **rückbezügliche Fürwörter** (Relativpronomen). Erklärt diesen Ausdruck mit Hilfe der Pfeile!

b) Die Sätze, die sie einleiten, heißen Relativsätze. Ergänzt:
Der Weg, der … ,   Die Straße, die … ,
Der Weg, dessen Ende … ,   Die Straße, deren … ,
Der Weg, dem wir folgen, ist …   Die Straße, der … ,
Der Weg, den wir suchen, …   …
Beachtet, wie die Relativsätze durch Kommas abgetrennt werden.

Bücher – Bücher – Bücher

Freizeit: Was tun? – Eine Umfrage

Gesprächs- und Diskussionsregeln beachten!

1 Welche Freizeitbeschäftigungen werden in eurer Klasse bevorzugt?

2 Ist Lesen eine sinnvolle Freizeitbeschäftigung?
   Diskutiert darüber.
   Ordnet eure Argumente in **pro** und **kontra**.

3 Was tun andere in ihrer Freizeit?
   Was halten sie vom Lesen?
   Mit diesem Fragebogen könnt ihr das erforschen:

A Tägliche Freizeitbeschäftigungen

	weniger als 1/2 Stunde	1 Std.	2 Std.	(eigene Angaben)
im Freien sein (Rad, Fußball …)	☐	☐	☐	☐
Bücher lesen	☐	☐	☐	☐
Fernsehen oder Videos ansehen	☐	☐	☐	☐
Radio hören	☐	☐	☐	☐
Zeitung oder Illustrierte lesen	☐	☐	☐	☐
Computer-/Videospiele	☐	☐	☐	☐
…	☐	☐	☐	☐

B Ich habe im letzten Monat gelesen

kein Buch ☐   1–5 Bücher ☐
ein Buch ☐   mehr als 5 Bücher ☐

C Welche Bücher bevorzugst du / bevorzugen Sie?
(mehrere Nennungen möglich)

Abenteuerbücher	☐	Bücher über fremde Länder	☐
Gespenster- oder Gruselgeschichten	☐	Bücher über Probleme Jugendlicher	☐
Krimis oder Detektivgeschichten	☐	Wildwest- oder Indianergeschichten	☐
Märchen oder Sagen	☐	Comics	☐
Bastelbücher	☐	Lexikon	☐
Sachbücher	☐	Liebesromane	☐

Video
Beschäftigung
Freizeit
Lexikon
Illustrierte
Detektiv
ungefähr
bevorzugen

4 a) Mit einer Strichliste könnt ihr eure Befragung auswerten.
   b) Ihr könnt auch einen Bericht für die Schülerzeitung schreiben!

Kurzbeschreibung 41

Rund um die Klassenbücherei

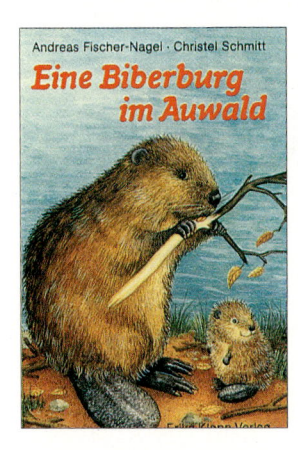

Fischer-Nagel, Andreas/
Schmitt, Christel
Eine Biberburg
im Auwald
144 S., s/w-ill. v. L. Teltau,
DM 16,80 (Klopp) '86

Martin, Cindy und Ann beobachten das Leben und Treiben der Biber im Auwald am Inn.

Korschunov, Irina
Eigentlich war es
ein schöner Tag
124 S., s/w-ill. v. Mary Rahn,
DM 9,80 (Herold) '77

Das Buch über Tina und Gökan erzählt von den Abenteuern, die beide erleben, während Tinas Mutter für einen Tag verreist ist.

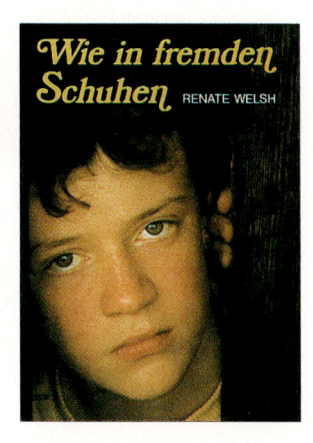

Welsh, Renate
Wie in fremden Schuhen
140 S., DM 16,80 '83

Eigentlich brauchte Claudia gar kein schlechtes Gewissen zu haben. Sie wollte nicht weg, gar nicht. Sie wollte nur wissen, was es war, das sie hinderte, ganz dazuzugehören.

1 a) Welches Buch würdest du nach der Kurzbeschreibung auswählen? Begründe deine Entscheidung.

Jeder braucht jemanden, an den er sich halten kann. Das spürt Claudia – aber zu wem gehört sie? Die Großmutter ist so unheimlich stark; der eine Vater gilt als unheimlich schwach – und der andere Vater ist offenbar überhaupt ein Lump. Ist alles vielleicht nur deshalb so schwer, weil das Leben auf dem Dorf ganz anders verläuft als in der Stadt? Claudia weiß nur eines: Sie fühlt sich immer wie in fremden Schuhen und sie muss lernen trotzdem fest mit beiden Beinen auf dem Boden zu stehen.

Renate Welsh schreibt ehrliche Bücher über wirkliche Menschen. Dafür erhielt sie mehrere Auszeichnungen – unter anderem den Österreichischen Staatspreis und den Deutschen Jugendliteraturpreis.

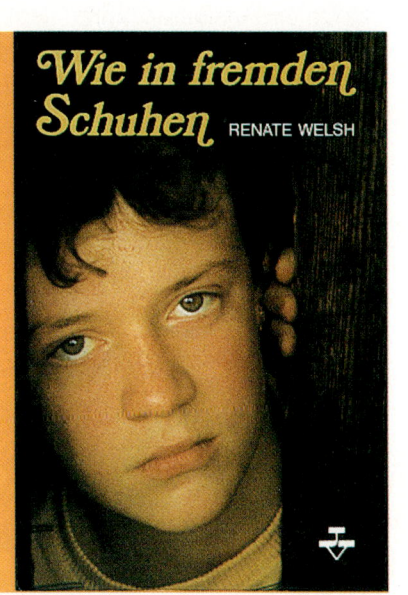

b) Vergleiche den Klappentext mit der Kurzbeschreibung.
c) Welche Fragen hast du nach dem Lesen des Klappentextes noch zum Inhalt des Buches?

*Wie **ich** auswähle? Ganz einfach ... Ich besorge mir ein Verzeichnis in der Buchhandlung! Es enthält Inhaltsbeschreibungen zu vielen Büchern.*

KLAPPENTEXTE machen neugierig auf das Buch. Sie verraten aber nicht den ganzen Inhalt. Sonst würde es ja keiner mehr lesen.

Bücher vorstellen
Kartei anlegen

2 Viele Buchvorstellungen sind im Präsens (in der Gegenwartsform) geschrieben.
a) Untersuche dies anhand von Klappentexten und Prospekten.
b) Füge die Verben in der richtigen Zeitform ein:
Uta (ziehen) in eine andere Stadt und (verlieren) ihre bisherigen Freundinnen. Nur ihr Hund Maxi (bleiben) ihr. Doch eines Tages (reißen) sich Maxi auf der Straße los und der Taxifahrer (können) nicht mehr bremsen.

3 Stelle deiner Klasse dein Lieblingsbuch vor, ähnlich wie in einem Klappentext. Verwende dabei das Präsens.

4 Organisiert in regelmäßigen Abständen eine Erzähl- und Vorlesestunde in der Klasse.
Stellt die Personen vor, die in dem Buch eine Rolle spielen.
Verratet nicht zuviel von der Handlung:
– Worüber erfährt man etwas in dem Buch?
  Tier-/Mädchen-/Abenteuerbuch/…
– Ist es spannend/lustig/traurig?
– Lest die Stellen vor, die euch am besten gefallen haben.
– Vom Ende dürft ihr nichts erzählen!

Karteikarten kann man aus farbigem Ton- oder Zeichenpapier zurechtschneiden.

Als Karteikasten kann man z. B. einen Schuhkarton nehmen.

5 Richtet eine klasseneigene Bücherei ein.
Bücher, die bereits gelesen sind, werden zur Verfügung gestellt.
Arbeitet ein Ausleihverfahren aus.
a) Schreibt Buchtitel und Autorennamen auf Karteikarten.
Für jedes Buch braucht ihr **zwei** Karten.
Eine Karte bleibt im Buch, wenn es nicht ausgeliehen ist.

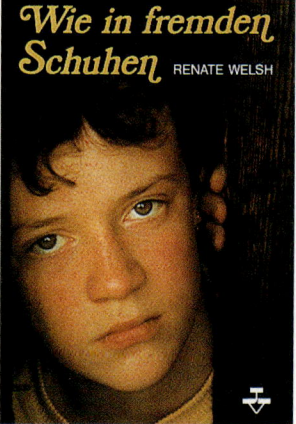

Um im Karteikasten Ordnung zu halten und das gesuchte Buch auch wieder finden zu können ist es am besten, die Namen der Autoren und Autorinnen alphabetisch zu ordnen.
Bei Namenslisten steht immer der Nachname zuerst.

b) Sortiert eure Buchkarten nach dem Alphabet.
Wenn mehrere Namen mit dem gleichen Buchstaben beginnen, ordnet nach den darauf folgenden Buchstaben.
Während der Ausleihzeit werden **beide** Karten im Karteikasten aufbewahrt. Eine Büroklammer signalisiert: Das Buch ist zur Zeit weg.

Auf einer Buchkarte werden Name und Datum eingetragen.

AUTOR	Welsh, Renate	
TITEL	Wie in fremden Schuhen	
Name	ausgeliehen	Rückgabe
A. Meier	18.5.90	2.6.90
P. Becker	13.6.90	25.6.90
G. Hamann	6.7.90	20.7.90
S. Schiewe	30.7.90	10.8.90

Eine Kurzbeschreibung zum Buch auf der Karteikarte würde mir die Auswahl erleichtern.

6 Absprachen müssen getroffen werden über den wechselnden Büchereidienst, über die Ausleihdauer und über die Zeiten, zu denen Bücher ausgegeben werden sollen.

7 Versucht Klappentexte zu den Büchern eurer Bücherei zu schreiben.

8 Das ist Ralfs Entwurf für den Klappentext seines Lieblingsbuches. Überarbeite ihn mit Hilfe der Tipps am Rand.

Kitty ist elf. Kitty spielt gern Fußball. Kitty spielt aber noch lieber Detektiv. Kitty entdeckt etwas Gefährliches bei diesem Detektivspiel. Kitty behält das erst mal für sich. Sie hat als Beweisstück eine Mütze an sich gebracht. Die hat Alf unter verdächtigen Umständen verloren. Eigentlich will Kitty Alf nur ein bißchen ärgern. Er gibt in der Schule immer so an. Da kommt ihr die Autoknackerbande auf die Spur, die sie belauscht hat. Vielleicht wußte ja auch die Polizei schon von der Sache. Da tat ihr Alf leid. Jetzt wollte sie ihn nicht im Stich lassen, sondern ihm helfen.

Wortwiederholungen vermeiden! — **TIPP 2**
Umstellen! — **TIPP 6**
Sätze verbinden (..., aber...) — **TIPP 3**
..., denn...
..., weil... — **TIPP 3**
Zeitformen kontrollieren. — **TIPP 7**

→ S. 73 ff.

Lesemotivationen

Sachbücher – nicht nur Bücher über Sachen

1 a) Vergleicht die zwei Buchauszüge. Stellt Gemeinsamkeiten und Unterschiede fest.

Sind Hunde wirklich so klug?

Der hervorragendste Wesenszug des Hundes ist seine Lernfähigkeit. Sie ist nahezu bei jeder Art vorhanden. Hunde gehören zu den intelligentesten Säugetieren. Sie können Aufgaben erledigen, sich an Ereignisse erinnern, selbstständig handeln und Befehle ausführen. Diese hohe Intelligenz hat den Hund wahrscheinlich dazu geführt, sich dem Menschen anzuschließen. Er konnte sich gut anpassen und stellte seine Fähigkeiten in den Dienst des Menschen. Aber natürlich sind nicht alle Hunde gleich intelligent. Wie auch beim Menschen gibt es hier Unterschiede: Es gibt kluge und es gibt die sprichwörtlich „dummen Hunde".
Kein anderes Tier hat den Menschen so willig begleitet und für ihn gearbeitet. Kein anderes Tier wird seine Zuneigung so bereitwillig verschenken. Der Mensch mit seinem hoch entwickelten Gehirn und seinen geschickten Händen ist dem Hund weit überlegen. Wir kennen unsere Vergangenheit und planen für die Zukunft. Der Hund lebt nur sein Leben; er weiß nicht, was vor ihm war und was nach ihm kommt. Wir können Kunstwerke schaffen und Technik nutzen; der Hund dagegen ist ein Tier, das in seinem ganzen Verhalten nur instinktmäßig handeln kann.

Meine Familie dreht durch, wirklich. Ich liege harmlos auf dem Teppich im Wohnzimmer. Alle viere weit von mir gestreckt. Sonst bückt sich immer mal einer und streichelt mich. Aber heute stolpern sie nur über mich. Außerdem reißen sie ständig die Tür auf, rennen rein und raus wie wild, rufen: „Weg da! Aus dem Weg, Flocki!"
Flocki, das bin ich. Leider. Ob sie krank sind? Ich mach' mir Sorgen um sie. Sie kommen mir so völlig anders vor als sonst.
Da poltert schon wieder jemand über den Flur und stößt die Wohnzimmertür auf. Ach, der Große ist es. Papa nennen sie ihn. Papa, Mensch, fall nicht über mich!
Schon passiert. Knurr' ich ihn an? Nee, lieber nicht. Sonst knurrt er zurück. Das kann er gut und ziemlich laut.
Was schleppt er denn ins Wohnzimmer, der Papa? Einen Baum. Was will er hier mit dem Nadelding? Soll das zum Verheizen sein? Nein, das glaube ich nicht. Meine Familie heizt immer mit Öl, soviel ich weiß.
Da fällt es mir ein. Er hat den Baum bestimmt für mich geholt, damit ich bei der Kälte nicht mehr raus muss um mein Bein am nächsten Straßenbaum zu heben. Ist der lieb, der Große. So ein schöner Baum und ganz für mich alleine. Vor Dankbarkeit springe ich auf und renne zum Baum. Den will ich sofort mal ausprobieren. Ich hebe gerade mein Bein, da keift der Papa: „Lass das! Der ist nicht für dich!"
Ach so … jetzt bin ich aber beleidigt. Schwanz eingekniffen und unter das Sofa gekrochen. Ich möchte wirklich wissen, was er mit dem grünen Ding im Wohnzimmer anfangen will. …

die Intelligenz
— intelligent
der Instinkt
— instinktiv
die Technik
— technisch

b) Welcher Buchumschlag auf der Randleiste gehört wohl zu welchem Textauszug?
c) Wer von euch würde zu welchem Buch greifen? Diskutiert darüber. Begründet eure Wahl.

2 a) Vergleicht die beiden Inhaltsverzeichnisse.

Inhalt

Die Vorfahren des Hundes ... 4
Warum gelten Hunde als „beste Freunde des Menschen"? ... 4
Welches war der gemeinsame Vorfahr aller Raubtiere? ... 5
Welches ist der urtümlichste Wildhund? ... 6
Worin unterscheiden sich Kojoten, Schakale und Wölfe? ... 7
Wie viel Unterarten gibt es bei Wölfen? ... 8
Von welchem Tier stammen die Haushunde ab? ... 9
Wann wurden Wölfe zu Haushunden? ... 10
Wie kam der Hund zum Menschen? ... 11

Die Eigenschaften des Hundes ... 12
Wie unterscheiden sich Haushunde von zahmen Wölfen? ... 12
Wie verständigen sich Wölfe? ... 13
Welches waren die ersten Hunderassen? ... 13
Wie entstanden die heutigen Hunderassen? ... 15
Können Hunde wieder zu Wölfen werden? ... 16
Warum kann der Hund Knochen fressen? ... 18
Wie hört und sieht der Hund? ... 18
Wie spricht der Hund? ... 19
Wie alt werden Hunde? ... 20
Warum „lieben" Hunde den Menschen? ... 20
Sind Hunde wirklich so klug? ... 21

Die Jagdhunde ... 22
Wie werden Hunderassen zusammengefasst? ... 22
Wie jagen Vorstehhunde Wildvögel? ... 23
Wie wurden Vorstehhunde gezüchtet? ... 24
Wozu werden Apportierhunde verwendet? ... 25
Wozu wurde der Deutsche Dachshund gezüchtet? ... 27
Welche Aufgaben haben Terrier? ... 27
Woher kommen die Terrier? ... 28
Was sind Spürhunde? ... 29
Welche Fähigkeiten haben Spürhunde? ... 29

Die Windhunde ... 30
Warum wurden Windhunde gezüchtet? ... 30
Woher stammt der russische Wolfshund? ... 31
Wie groß ist der größte Windhund? ... 32

Dienst-, Wach- und Gebrauchshunde ... 33
Wie helfen Schäferhunde den Hirten? ... 33
Welche Schäferhunde gibt es? ... 34
Wie arbeiten Schäferhunde? ... 34
Wie unterscheiden Schäferhunde sich im Fell? ... 35
Welche Eigenschaften muss ein Wachhund haben? ... 35
Welche Rassen wurden zu Wachhunden? ... 35
Wie sind Schlittenhunde gegen Kälte geschützt? ... 36
Welche Schlittenhundrassen gibt es? ... 37
Wie nützen Schlittenhunde den Eskimos? ... 38
Wie werden Schlittenhunde heute verwendet? ... 39
Welchen Hund züchteten Mönche? ... 39
Welche Hunde eignen sich als Blindenhunde? ... 40

Die Begleithunde ... 41
Welchem Zweck dienten Zwerghunde früher? ... 41
Wie wurden Zwerghundrassen entwickelt? ... 42
Woher kommt der Name „Pudel"? ... 43
Welcher Hund hat eine blaue Zunge? ... 43
Was sind Mischlinge? ... 44

Hundeausstellungen und Wettbewerbe ... 45
Welchen Sinn hat eine Hundeschau? ... 45
Wie werden Hunde bewertet? ... 46
Wie werden die Besten ausgewählt? ... 47
Wozu dienen Dressurprüfungen? ... 47
Wozu dienen Gehorsamsprüfungen? ... 48

Inhalt

1. Kapitel
Ein seltsamer Tag ... 7

2. Kapitel
Ein sehr seltsamer Tag ... 19

3. Kapitel
Ein sehr, sehr seltsamer Tag ... 36

4. Kapitel
Die seltsamen Männer ... 49

b) Ordnet sie den beiden Buchtiteln zu.
c) Schreibe alle Wörter auf, die zur Fachsprache über Hunde gehören.

3 Was macht das Lesen von Sachbüchern manchmal so schwierig?

4 Informiert euch über weitere Sachbuchreihen in der Stadtbücherei oder einer Buchhandlung.

5 Wenn ihr auch Sachbücher in eure Klassenbücherei aufnehmt: Ordnet ihr sie alphabetisch zu den Erzählungen … oder richtet ihr eine eigene Abteilung dafür ein?

6 Wenn ihr euch umfassend über Neuerscheinungen informieren wollt, schreibt an die folgenden Adressen und bittet um Prospektmaterial für eure Klasse.

Stiftung Lesen
Fischtorplatz 23
55116 Mainz

Börsenverein des Deutschen Buchhandels e. V.
Großer Hirschgraben 17-21
60311 Frankfurt/Main

Arbeitskreis für Jugendliteratur e. V.
Schlörstraße 10
80634 München

Versteh mich doch!

Ordnung ist das halbe Leben …

> Hallo, Eva! Fein, dass du da bist …
> … ich wollte mit dir über die Ordnung in deinem Zimmer reden.

> Früher warst du doch so lieb! Aber in letzter Zeit … Deine Unordnung halte ich nicht aus. Unmöglich!

> Wieso?

> Du bist einfach zu faul.

> Bin ich nicht.

> Ich schäme mich richtig, wenn Besuch kommt. Warum kannst du nicht wenigstens abends deine Sachen wegräumen?

> Da bin ich zu müde.

> Und diese schrecklichen Poster müssen auch ab.

> Nein! Die bleiben!

> Einmal werde ich alles, was nicht aufgeräumt ist, einfach wegwerfen.

> ?

> Nimm dir ein Beispiel an deinem Freund Jens. Bei dem ist es immer ordentlich. Der muss auch viel mehr im Haushalt helfen.

> ?

1 Untersucht, wie der Vater argumentiert.

2 Wie könnte Eva sich in diesem Gespräch verhalten?
Probiert mehrere Möglichkeiten aus.

3 Schreibt einen Dialog zwischen Eva und ihrem Vater:

Vater: ...
Eva: ...

a) Schaut euch nun eure „Argumente" genauer an und vergleicht sie mit den Punkten auf dem Pinnzettel.
b) Habt ihr noch andere „Strategien" eingesetzt?

begründen
beschuldigen
schmeicheln
...

4 Spielt die Gespräche zwischen Vater und Tochter.
Achtet darauf,
– **was** die Personen sagen,
– **wie** sie sprechen,
– wie sie sich **verhalten**.

a) Was ist beim Sprechen und Spielen anders als in den geschriebenen Dialogen?

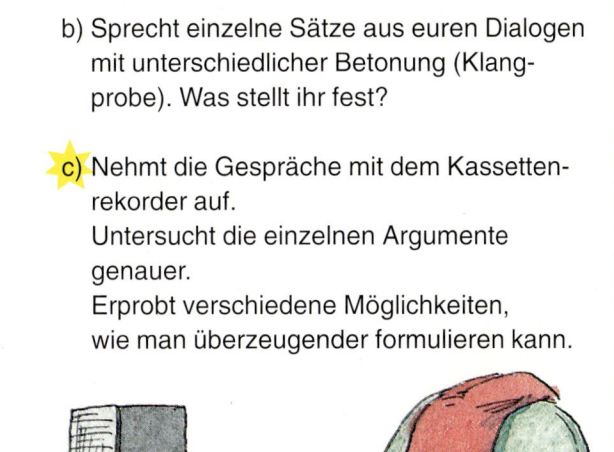

b) Sprecht einzelne Sätze aus euren Dialogen mit unterschiedlicher Betonung (Klangprobe). Was stellt ihr fest?

c) Nehmt die Gespräche mit dem Kassettenrekorder auf.
Untersucht die einzelnen Argumente genauer.
Erprobt verschiedene Möglichkeiten, wie man überzeugender formulieren kann.

Strategie
= wie man geschickt vorgeht.
Und was ist ein Dialog?

Konjunktionen

5 a) Was könnte Eva hier sagen?

Wieso bist du denn abends so müde?

*Ich bin in letzter Zeit häufig müde, **weil** ...*

Einmal werde ich alles, was nicht aufgeräumt ist, einfach wegwerfen.

*Ich finde es nicht gut, dass du drohst, **weil** ...*

Bei deinem Freund Jens ist es immer ordentlich.

*Bei Jens sieht es vielleicht ordentlich aus, **aber** ...*

Deine Eltern halten ihr Schlafzimmer ja auch in Ordnung.

*Ich würde ja öfter aufräumen, **wenn** ...*

b) Die fett gedruckten **Bindewörter** (**Konjunktionen**) helfen beim Argumentieren.
Achtung: Die Sätze mit den Konjunktionen werden immer durch ein Komma abgetrennt!

..., aber
..., obwohl
..., weil
..., wenn
..., sodass

c) *Ich würde ja öfter aufräumen, **wenn** ...
Wenn ......, würde ich öfter ...
Ich würde ja, **wenn** ......, öfter aufräumen.*

Wirken diese verschiedenen Formulierungen unterschiedlich?

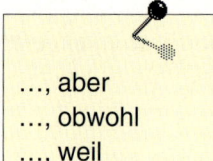

6

Vater:
Du hast zu viele Sachen.

Eva:
Ich fühle mich in meinem Zimmer wohl.

Plötzlich kommt Besuch.

Ich finde es gar nicht so schmutzig.

Man muss doch sauber machen können. Ich brauche nie lange zu suchen.
In der Unordnung findest du nie etwas. Mich stört die Unordnung nicht.
Beim Argumentieren ist es geschickt, die Behauptungen des Gegenübers aufzunehmen und zu entkräften:

Eva: Ich fühle mich in meinem Zimmer wohl, **gerade weil** so viele Sachen herumliegen.
 Wenn plötzlich Besuch kommt, stört mich ...
Du kannst auch eigene Argumente bilden.

Die Konjunktion **dass** wird immer mit **ss** geschrieben!

→ S. 123

7 Versetze dich in die Lage des Vaters:
Ich fürchte, **dass** du später ...
Meinst du, **dass** es ...
Ich vermute, **dass** deine Freundinnen ...
Ich finde nicht gut, **dass** du ...

Argumentieren

Hauptsache: Taschengeld

Du, Mama, ...
... ich brauche mehr Taschengeld.

Aber Bastian ...
...

Der Tobias bekommt viel mehr als ich.

Tobias ist für uns kein Maßstab.

Alles wird teurer.

...

Ich werde schließlich älter und brauche deshalb mehr Geld.

In deinem Alter habe ich ...

Wenn du wüsstest, wie viel die Christiane bekommt!

...

Die lachen mich fast schon aus!

...

Und ich muss auch noch die Hefte davon bezahlen!

...

Vielleicht kann ich mir mit Zeitungaustragen etwas dazuverdienen?

...

... ich brauche mehr Taschengeld.

1 a) Sammelt weitere Argumente für Bastian.
   b) Überlegt, was die Mutter sagen könnte.

2 Wenn man mit jemandem redet, jemanden von seiner Meinung überzeugen will, müssen bestimmte Gesprächsregeln eingehalten werden.
a) Welche Gesprächsregeln haltet ihr für wichtig?
b) Notiert sie und überlegt, gegen welche in eurer Klasse am häufigsten verstoßen wird.

3 Wenn man Argumente sucht, kann man das Gespräch schon vorneweg in Gedanken führen. Es gibt aber auch noch andere Möglichkeiten, z. B. das **Cluster**:

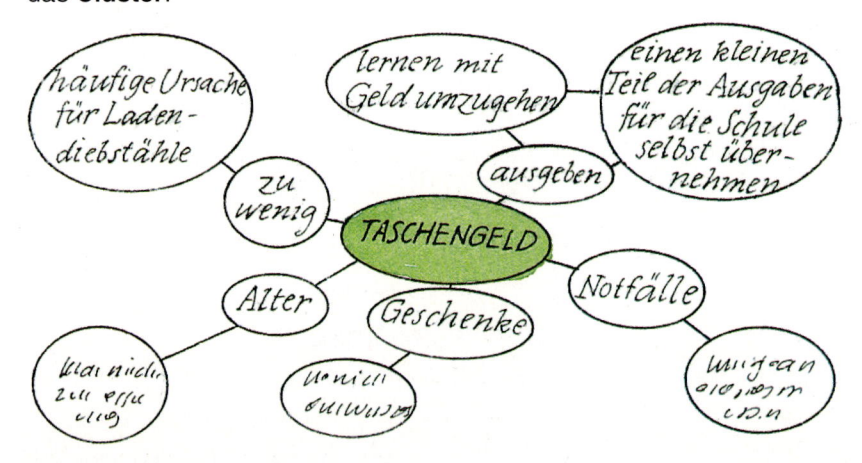

(Cluster um TASCHENGELD: häufige Ursache für Ladendiebstähle – zu wenig – lernen mit Geld umzugehen – ausgeben – einen kleinen Teil der Ausgaben für die Schule selbst übernehmen – Alter – Geschenke – Notfälle)

a) Male dir das Cluster auf und baue es aus.
b) Eine andere Möglichkeit Argumente zu sammeln ist die **Pro-und-Kontra-Liste**:

Soll das Taschengeld regelmäßig erhöht werden?

Pro	Kontra
...?	*Kinder werden verwöhnt und damit lebensuntüchtig, wenn sie ohne Gegenleistung ständig mehr Geld bekommen.*
Kinder sind Erwachsenen gegenüber hilflos, weil sie abhängig sind.	...?
...?	*Kinder haben keinen Maßstab dafür, wie viel Geld für die Familie gebraucht wird; deshalb stellen sie unangemessen hohe Forderungen.*
Die Einkommen der Erwachsenen steigen regelmäßig, daran sollten die Kinder teilhaben.	...?
...	...

Ergänze die fehlenden Argumente. Setze die Liste fort.

**Argumentieren
Rollenspiel** 51

Der Lottogewinn

Eine Familie, Mutter, Vater, Sohn (18 Jahre), Tochter (14 Jahre), Sohn (13 Jahre), Tochter (11 Jahre), spielt jede Woche Lotto.
Jeder darf eine Zahl auf dem Schein ankreuzen. Am Samstag schauen sie sich die Ziehung der Lottozahlen im Fernsehen an:
„Guten Abend, meine Damen und Herren, wir kommen jetzt zur Ziehung der Lottozahlen ..."
Die Spannung steigt. Nacheinander fallen die Kugeln aus der Trommel. Die Familie jubelt: 5 Richtige ohne Zusatzzahl! Das gibt bestimmt 5000.- DM.
Die Frage ist nun: Was machen wir mit dem Geld?

Ich möchte unsere Wohnung renovieren.
Ich will es sparen!
Endlich kann ich meinen Führerschein machen.
Ich mache endlich den Sprachurlaub.
Wir machen eine irre Urlaubsreise!
Wir teilen alles gerecht auf!

1 a) Welche Argumente könnten die einzelnen Familienmitglieder für ihre Meinung anführen? Wie könnten sie die anderen überzeugen?

b) So könnt ihr vorgehen:
– Jede/r übernimmt die Rolle eines Familienmitgliedes.
– Jede/r sucht Argumente für seinen Vorschlag.
– Diejenigen mit der gleichen Rolle tauschen ihre Argumente untereinander aus.
– Wer spielt das Familienmitglied in einem Rollenspiel vor der Klasse?

c) Spielt diese Szene mehrmals.
Was ist gut gelungen? Wo sollte man sich anders verhalten?

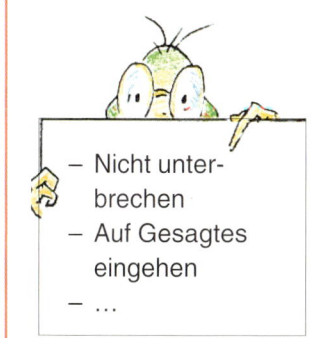

– Nicht unterbrechen
– Auf Gesagtes eingehen
– ...

Carla Holmes, Kriminalkommissarin

„Die Angaben müssten reichen um den Kopf der Mohnkopfschmugglerbande eindeutig zu identifizieren", erklärt Kriminalkommissarin
5 Carla Holmes ihrem Assistenten Franz Watschon.
„Fassen wir noch einmal zusammen:
Der Boss der Bande ist eine Frau.
10 Diese Frau wohnt in der Rosengasse.
Haben Sie die Befragungen in der Rosengasse durchgeführt, Herr Watschon?" „Hm, ja, schon …",
15 drückt sich der Assistent um eine klare Antwort herum. „In der Rosengasse wohnen fünf Frauen: Susanne Stein, Viola Volk, Waltraud Waffel, Ludmilla Ludwig und
20 Rose Rauschebart. Wie besprochen habe ich sie gefragt, welches Fahrzeug sie auf dem Weg zur Arbeit benutzen, welchen Beruf sie haben und was sie am 22. März um 18 Uhr gemacht haben. Außerdem habe ich mir die Haarfarbe der Damen notiert."
25 „Na, dann ist ja alles in Ordnung", meint die Kommissarin, „ich habe nämlich gerade durch eine Geheiminformation erfahren, dass die Chefin der Mohnkopfschmugglerbande die Übergabe der heißen Ware bei Spaziergängen tätigt. Jetzt raus mit der Sprache: Wer ist es?"
Der Assistent wird verlegen: „Das ist es ja. Irgendwie sind mir meine
30 Notizen durcheinander geraten. Ich werde die Befragung noch einmal von vorne durchführen müssen. Wenn ich die Fragen nur hart genug stelle, werde ich die Frauen schon weich kriegen."
„Diese brutalen Methoden können wir uns hier nicht leisten", entscheidet Frau Holmes. „Die Verdächtige würde sofort den Braten riechen und ihre
35 Komplizen warnen. Zeigen Sie mal Ihre Aufzeichnungen her. Vielleicht können wir gemeinsam die Täterin durch logisches Kombinieren ermitteln."

---

der Assistent, meine Notizen, brutale Methoden, ihre Komplizen, logisch kombinieren, Alibi …
Gut, dass ich ein Wörterbuch habe!

1. Die Bewohnerin des mittleren Hauses fährt begeistert Motorrad.
2. Frau Volk nimmt morgens den Bus.
3. Frau Susanne Stein wohnt im Vorderhaus.
4. Die Sekretärin fährt mit dem Auto zur Arbeit.
5. Die Kindergärtnerin wohnt im letzten Haus. Links neben ihr wohnt die Sekretärin.
6. Frau Rauschebart war am 22. März im Schwimmbad.
7. Die Schwarzhaarige war am 22. März bei einem Einkaufsbummel.
8. Die blonde Lehrerin fährt mit dem Fahrrad in die Schule.
9. Frau Waffel fährt begeistert Motorrad. Sie besitzt eine Motorradwerkstatt.
10. Die Frau, die im Kino war, ist die Nachbarin der Braunhaarigen.
11. Die Nachbarin der Frau, die am 22. März ferngesehen hat, ist blond.
12. Die Grauhaarige fährt mit dem Taxi zur Arbeit.
13. Frau Ludwig hat rote Haare.
14. Frau Stein ist die Nachbarin der Direktorin.
15. Die Motorradfahrerin ist die Nachbarin der Frau, die mit dem Bus fährt.

> Was nun? Logisch kombinieren, hat Kommissarin Carla Holmes gesagt. Aber wie?

> Wenn ihr nicht weiterkommt, überlegt gemeinsam eine Methode (Liste, Tabelle, Skizze …), wie ihr die Informationen verwerten könnt.

54 Informationen zur Problemlösung nutzen

> Wie ich sehe, benutzen alle ein anderes Fahrzeug, haben alle verschiedene Berufe, verschiedene Haarfarben und Alibis. Wir machen uns eine Häuserliste der Rosengasse und schreiben die anderen Angaben dazu.

> Fragepronomen erleichtern die Detektivarbeit!

1 Zeichnet euch die folgende Übersicht ab!

	Haus 1	Haus 2	Haus 3	Haus 4	Haus 5
Name					
Beruf					
Fahrzeug			Motorrad		
Haarfarbe					
Alibi					

Assistent Watschon brummt der Kopf.
„Und wie soll das gehen?", fragt er.
„Ganz einfach", lächelt Carla Holmes. „Wir nehmen uns jede Aussage vor und stellen Fragen. Zum Beispiel zum ersten Satz:
<u>Wer</u> fährt Motorrad? Die Bewohnerin des mittleren Hauses.
Folglich: Haus 3. Und das Fahrzeug: Motorrad.
Was wir nicht sofort beantworten können, schreiben wir uns auf.
Darum kümmern wir uns später."

```
Wer/was?   = Subjekt
... tut was? = Prädikat
Wann?      = Zeit-
             angabe
Wo/wohin?  = Orts-
             angabe
```

→ S. 133 ff.

2 Arbeitet genauso wie Carla Holmes!

a) Tragt in die Tabelle ein, was ihr beim ersten Lesen herausbekommt.

b) Lest die übrig gebliebenen Notizen noch einmal durch und ergänzt.

c) Wenn ihr alles eingetragen habt, werdet ihr feststellen, dass nur eine Verdächtige kein Alibi hat:

Es ist Frau ✽, die von Beruf ✽ ist, ✽ fährt und ✽ Haare hat.

Streitsituationen beeinflussen 55

Vom Streiten ...

Streit auf dem Schulhof

Die 6 a hat zu Beginn der großen Pause das Völkerballfeld erobert. Die 6 b ist darüber sauer. Plötzlich verliert ein Spieler der 6 a den Ball. Er rollt mitten unter die Leute der 6 b ...

Halt die Klappe, sonst mach' ich dir Beine!
Ach, du rote Birne, du!
HE! Gib sofort den Ball her!
ZIEH LEINE, DU IDIOT!
SELBER IDIOT!
Denkste! Bin ich denn verrückt?!
BLÖDMÄNNER!
Spielplatzklauer!
Ich mach' dich alle! Ich mach' dich fertig!
WAS SOLL DER QUATSCH?
HÖRT AUF MIT DER ZANKEREI!
LÜGNER!
Kommt, ich hol' den Ball!
Beknacktes Pack!
Die haben doch angefangen!
ULTRALÜGNER!
NA, KOMM BLOSS HER!
HALTS MAUL, DU AFFE!

1 Wie erklärt ihr euch den Streit zwischen den beiden Klassen?
Warum werden solche Streitigkeiten so selten friedlich geregelt?

2 a) Spielt den Streit mit 2 Gruppen von je 3 bis 5 Kindern nach.
Die andern beobachten, wie der Streit verläuft.
b) Lasst in eurem Spiel eine Lehrerin oder einen Lehrer hinzukommen.
Beobachtet, wie sich die Situation ändert.
Könnt ihr auch Veränderungen in der Sprache bemerken?
c) Wie könnten die Kinder der 6 a und der 6 b vorgehen, wenn sie ihren Streit alleine regeln wollten?
Sammelt zunächst Ideen und probiert sie dann in mehreren Spielfolgen aus!

3 a) Sortiert eure Äußerungen danach, ob sie den Streit verschärfen oder entschärfen.
b) Halt's Maul!   Die drei Ausrufe meinen dasselbe,
↓   haben aber unterschiedliche Wirkung.
Sei still!   Woran liegt es?
↓
Bleib ruhig!
c) Verändert eure eigenen Äußerungen ähnlich. Untersucht, wie man mit Hilfe von Worten einen Streit verschlimmern oder aber schlichten kann.

Streiten kann man lernen

Als Herr Kraushaar am Dienstagmorgen nach der großen Pause den Klassenraum der 6 b betritt, herrscht ein unbeschreiblicher Lärm. Die Schülerinnen und Schüler schreien sich an, tippen sich an die Stirn und ballen die Fäuste. Herr Kraushaar hat einige Mühe sich Gehör zu verschaffen. Kaum stellt er die Frage, was denn los sei, geht der Lärm von neuem los. Da schreibt er an die Tafel:

Klassenrat

Die Kinder wissen, was das bedeutet. Herr Kraushaar weist stumm auf ein Wandplakat:

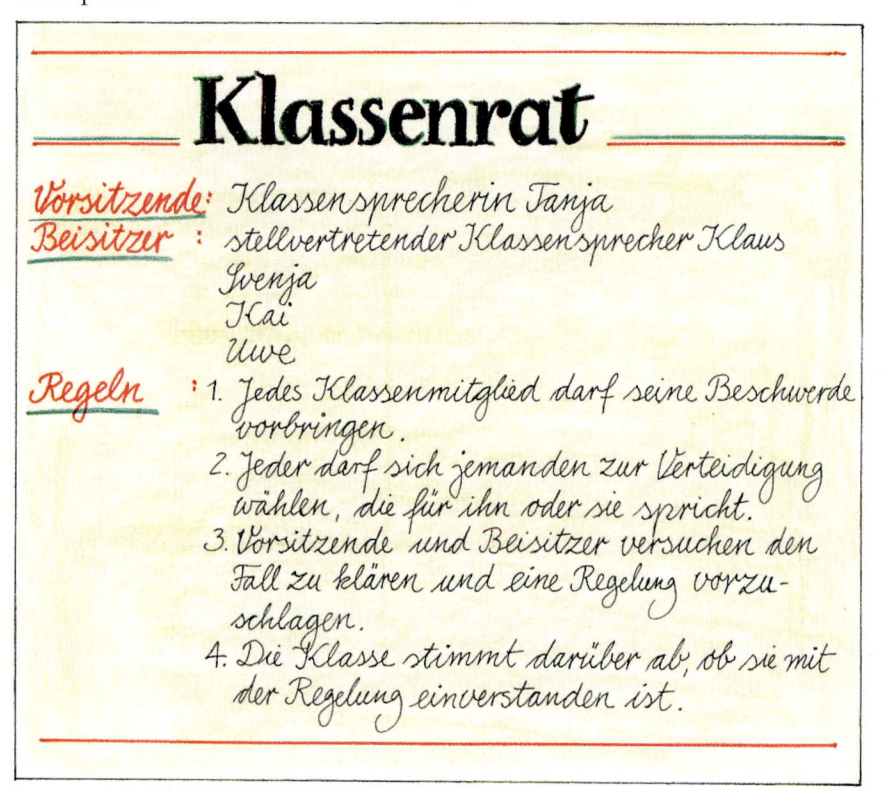

> Streiten ist leicht! Aber richtig streiten ist schwer.

Klassenrat

Vorsitzende: Klassensprecherin Tanja
Beisitzer: stellvertretender Klassensprecher Klaus
Svenja
Kai
Uwe

Regeln:
1. Jedes Klassenmitglied darf seine Beschwerde vorbringen.
2. Jeder darf sich jemanden zur Verteidigung wählen, die für ihn oder sie spricht.
3. Vorsitzende und Beisitzer versuchen den Fall zu klären und eine Regelung vorzuschlagen.
4. Die Klasse stimmt darüber ab, ob sie mit der Regelung einverstanden ist.

1 Was haltet ihr von dieser Möglichkeit im Klassenrat Streitigkeiten selbst zu lösen?
  a) Was könnte man dabei lernen?
  b) Welche Schwierigkeiten sind zu erwarten?
     Lassen sie sich durch weitere Regeln beheben?
  c) Formuliert die Regeln der Klasse 6 b um, wenn es euch notwendig erscheint.
     Ergänzt neue Regeln, die euch wichtig sind.
  d) Schreibt sie auf ein Wandplakat, das auch aus der Ferne gut lesbar ist.

Tanja: Die Sitzung ist eröffnet. Wer hat etwas vorzubringen?
Arne: Die blöden Mädchen haben mich in eine Pfütze geschubst. Mein Anorak ist klatschnass und meine neue Hose total versaut. Ich will die Reinigung bezahlt haben.
Tanja: Wer von den Mädchen möchte dazu etwas sagen?
Katrin: Der ist ja völlig bescheuert. Schon beim Heruntergehen hat er uns auf der Treppe …
Arne: … Ist ja gar nicht wahr! Ihr habt mir schon in der Stunde eine Heftzwecke auf den Stuhl gelegt und als ich geschrien habe …
Kerstin: Weichling, Memme, alte Petze!
Anke: Und außerdem hast du uns in der vorigen Pause dauernd beim Gummitwist geärgert!
Arne: Ich wollte doch bloß mitspielen.
Katrin: Warum hast du dann so lange am Gummi gezogen, bis es gerissen ist?
Arne: Ist ja gar nicht wahr! Ihr habt es weggezogen, als ich reingesprungen bin!
Kerstin: Elender Lügner! Du bist durchgelaufen und wolltest es dann zurückschnacken lassen!
Tanja: Halt, halt! Das ist kein faires Verfahren heute. Bitte denkt an unsere Gesprächsregeln!

1. Problem vorstellen
2. Alle Beteiligten hören
3. Gezielt nachfragen
4. Problem eingrenzen
5. Lösungen suchen
6. Kompromisse finden

2 Gegen welche Regeln ist hier nach eurer Meinung verstoßen worden?
 a) Formuliert die Regeln!
 b) Das geht auch wie auf der Randleiste!

Tanja: Meine Beisitzer und ich werden jetzt versuchen den Sachverhalt zu klären. Wer gegen unsere Gesprächsregeln verstößt, wird verwarnt.
Klaus: Arne, was ist deiner Meinung nach die Ursache für den Streit?
Arne: Die Weiber sind immer so zickig!
Klaus: Verwarnung! Das ist nicht fair formuliert und hilft uns nicht den Sachverhalt zu klären. Bei einer nochmaligen Verwarnung kannst du nur noch über deinen Verteidiger sprechen.
Arne: Also gut. Ich finde es fies, dass die Mädchen uns nicht mitspielen lassen.
Katrin: Die Jungen sind zu blöd die Regeln von Gummitwist zu begreifen!
Tanja: Katrin, auch das ist nicht fair formuliert. Verwarnung!
Katrin: Aber wenn es doch wahr ist!
Tanja: Dann musst du es trotzdem anders formulieren.
Katrin: Meinetwegen. Immer wenn die Jungen mitspielen, fangen sie an die starken Männer zu spielen und wollen uns imponieren. Dabei machen sie so viel Blödsinn, dass wir nicht mehr richtig spielen können.
Svenja: Ich möchte nochmal auf die Sache mit der Pfütze zurückkommen, Arne. Wer hat dich geschubst?
Arne: Das habe ich nicht gesehen, weil ich von hinten gestoßen worden bin.
Svenja: Wer von euch hat ihn denn gestoßen?
Kerstin: Wir sind zu mehreren hinter ihm hergejagt und bei der Rangelei hat er sich fallen lassen.
Arne: Ich bin doch nicht so dämlich und lasse mich in eine Pfütze fallen! Nein, eine von euch muss mich gestoßen haben!

Was bedeuten eigentlich Kompromiss, Plädoyer, Diskussion, Konzept, Kombination?

Kombination – kombin**ieren**;
Diskussion – diskut**ieren**;
Argument – argument**ieren**

→ S. 131 ff.

3 Nun sind die Verteidiger mit ihren Plädoyers an der Reihe. Uwe, der für Arne sprechen soll, hat sich folgende Stichpunkte während der Verhandlung des Klassenrats gemacht:

- unklar, wer den Streit angefangen
- alte Feindschaft zwischen Jungen und Mädchen
- Schuld haben an schmutziger Hose und Anorak alle Mädchen, die hinter ihm her waren.
- sie sollen deshalb den Schaden zusammen tragen.

a) Die Verteidigerin der Mädchen wird sicherlich anders argumentiert haben. Versucht für sie ebenfalls einen Stichwortzettel zu schreiben.
b) Übt mit einem der beiden Stichwortzettel das Plädoyer möglichst frei zu halten. Achtet dabei auf Blickkontakt mit euren Zuhörerinnen und Zuhörern.

4 Versucht in Kleingruppen von drei Personen eine Lösung für diesen Konflikt zu finden. Versetzt euch dazu in die Lage des Klassenrates.
a) Stellt verschiedene Lösungen vor und begründet sie.
b) Überprüft, ob durch eine Kombination unterschiedlicher Vorschläge eine bessere Lösung erreicht werden kann.
c) Stimmt über den besten Vorschlag ab.
d) Diskutiert, ob dieses Verfahren auch in eurer Klasse angewandt werden kann.

5 Aus einer Klassenratssitzung: Wenn man sehr aufgeregt ist, fallen einem manchmal die einfachsten Wörter nicht mehr ein:

Jan: Der Dings hat mir eben das Dings weggenommen!
Sascha: **Wer** hat dir das Dings weggenommen?
Jan: Der Kai war's.
Sascha: Und **was** hat er dir weggenommen?
Jan: Das Radiergummi.
Sascha: Aha! Der Kai hat dir das Radiergummi weggenommen.

Versuche in den folgenden Sätzen ebenso zu fragen und denke dir mögliche Antworten aus. Schreibe den Hergang des Streites auf!

Uwe stellte der Dings auf der Treppe ein Bein.
Die Dings hat ihm daraufhin die Dings vor der Nase zugeschlagen.
Uwe hat sich wenige Minuten später die Dings von Carina geschnappt und den Inhalt auf den Boden geschüttet.
Der Dings ist auf dem Boden liegen geblieben und Herr Kraushaar ist draufgetreten, als er in die Klasse kam.

Ich sehe es dir an!

Gesichter, die sprechen können

> Die Art und Weise mit dem Gesicht Stimmungen und Gefühle auszudrücken nennt man **Mimik**.

1   a) Welche Stimmung wird in diesen Gesichtern ausgedrückt?
   b) Woran könnte es liegen, wenn ihr die Stimmung nicht genau ermitteln könnt oder zu unterschiedlichen Ergebnissen kommt?

2   a) Beschreibt Situationen, in denen man solchen Gesichtern begegnen könnte.
   b) Was könnten die Personen wohl sagen oder denken?
   c) Versucht die in den Bildern ausgedrückten Stimmungen mimisch nachzuahmen.

3   Sprich den Satz
   „Du bist wohl nicht ganz gescheit!"
   einmal mit freundlicher und einmal mit zorniger Mimik.
   Was stellt ihr fest?
   Welche Bedeutung hat dabei die Mimik?

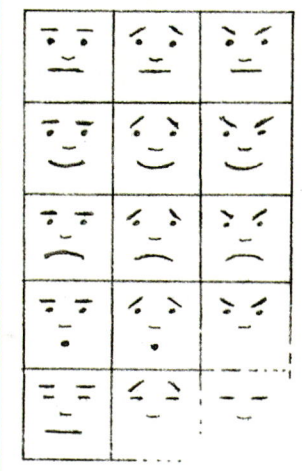

Mit Händen und Füßen reden

Auch mit seiner Körperhaltung und den Bewegungen kann man etwas ausdrücken.

> Wie man mit der Körperhaltung und den Bewegungen Stimmungen und Gefühle ausdrückt, das wird **Gestik** genannt.

1 a) Beschreibt eine Situation, in der jemand solche Gesten machen könnte.
b) Versucht die abgebildeten Gesten nachzumachen.
c) Drückt durch entsprechende Gesten folgende Gefühle aus:
Furcht – Stolz – Wut

2 Wie gehen zwei Menschen aufeinander zu,
– von denen der eine Angst vor dem anderen hat?
– wenn der eine dem anderen gratulieren will?
– wenn einer den anderen trösten will?
– wenn sie sich nicht ausstehen können?

a) Überlegt, wie ihr solch eine Situation vorspielen könnt.
b) Beschreibt möglichst genau, was ohne Worte geschieht.
c) Spielt die Situation einmal mit möglichst ausdrucksvoller Gestik und Mimik.
Spielt dann mit gleichförmiger, unbetonter Sprache, ohne Gestik und mit gleichmütigem Gesichtsausdruck. Was stellt ihr fest?

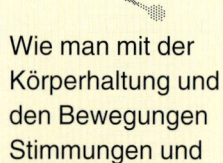

Verständigen kann man sich mit und ohne Sprache

Im Aufzug

1. Spielt diese Szene und beobachtet, was dabei passiert:
   Baut mit Hilfe von Tafeln, Stühlen und Bänken einen „Aufzug" für 6 Personen. Er hält während eures Spiels viermal. Jedes Mal steigt eine Person ein. Bis zum nächsten Stockwerk sind es jeweils 15 Sekunden.

   a) Wie verhalten sich die Personen?
   Nehmen sie Kontakt miteinander auf?
   Beobachtet Sprache, Mimik und Gestik.

   b) Vereinbart besondere Situationen, z. B.:
   – Die Personen kennen sich nicht und wollen sich auch nicht kennen lernen.
   – Eine Person möchte ein Gespräch anfangen, die anderen wollen aber nicht.
   – Es gelingt, jemanden in ein kurzes Gespräch zu verwickeln.
   Beobachtet auch hierbei Sprache, Mimik und Gestik.

Im Eisenbahnabteil

2. Stellt sechs Stühle auf wie in einem Eisenbahnabteil. Nun kommen sechs Personen, die sich nicht kennen, nacheinander herein.
   Was werden sie tun? Werden sie schweigen? Werden sie sich anschauen oder verlegen wegsehen? Wird es ihnen gelingen, ins Gespräch zu kommen?
   Die Spielszene soll fünf Minuten dauern.

(Non)verbale Kommunikation

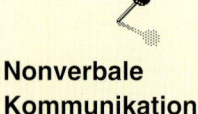

Nonverbale Kommunikation nennt man die Verständigung, die ohne Worte geschieht.

a) Die Zuschauer beobachten, was geschieht.
 – Sie können alle gemeinsam ihre Beobachtungen machen und kurz notieren, was ihnen wichtig erscheint.
 – Einzelne Beobachter konzentrieren sich auf jede einzelne der mitspielenden Personen; auch sie können sich kurze Notizen machen.

b) Zuerst dürfen sich die Spielerinnen und Spieler äußern.
 – Wie haben sie sich in ihrer Rolle gefühlt?
 – Was haben sie gedacht, gewollt?

c) Was haben die Zuschauer wahrgenommen?
 Was haben sie gedacht?

d) Man kann auch durch die Art und Weise, wie man sich verhält, etwas mitteilen:
 – sich hinter einer Zeitung verstecken
 – aus dem Fenster schauen
 – jemanden anstarren
 – ...
 Welche Äußerungen ohne Sprache habt ihr beobachtet?
 Wie sind sie wohl zu deuten?

e) Eine Person (vielleicht später auch mehrere) zieht vor der „Zugfahrt" eine Spielanweisung, die die anderen nicht kennen. Was geschieht nun?

Du kommst als siebte/r ins Abteil und hast eine Platzkarte ...	Du bist sehr wütend und möchtest am liebsten irgendwelche Leute ärgern ...
Du hast zwei sehr sperrige Gepäckstücke (zusammengebundene Stühle) ...	Es kommt jemand mit einer dicken Zigarre ins Nichtraucherabteil ...

f) Denkt euch weitere Spielanweisungen aus!
 Arbeitet mit Beobachtungen wie in Aufgabe a – d.

3 Der Wissenschaftler Paul Watzlawick meint:
Man kann nicht nicht kommunizieren.
Das bedeutet:
Auch wenn man nicht spricht, verständigt man sich.
Wie war das im „Aufzug" oder im „Eisenbahnabteil"?

Umweltprojekt
Problem erkennen 63

Grün macht Schule

1 Welche Möglichkeiten fallen euch ein Grün in die Schule zu bringen?

**Umweltprojekt
Problem erkennen**

Eine lebende Hauswand

2 Welche Vorteile hat zum Beispiel eine lebende Hauswand?
Die folgenden Textausschnitte bieten zusätzliche Informationen.

… Früher gehörten begrünte Fassaden zum Bild einer jeden ländlichen Siedlung. Heute herrschen selbst dort Asphalt und grauer Beton. Die Großstädte mit dem immer dichter werdenden Verkehr und einem lebensfeindlichen Sauberkeitsideal haben fast alle Pflanzen aus dem Innenstadtbereich verbannt. Graue Betonflächen werden höchstens noch mit spärlichem Grün in Betonkübeln „möbliert".
Dabei ist die Fassadenbegrünung für den heutigen Menschen von großer Bedeutung: Sie steigert sein körperliches und geistiges Wohlbefinden. Er freut sich am Anblick einer schön bewachsenen Fassade, erlebt den Wechsel der Jahreszeiten viel intensiver. Vogelstimmen beleben die Städte, Blüten der Kletterpflanzen verströmen einen herrlichen Duft und locken Insekten an die Hauswand …

verändert
Nässe
Kälte
Schlafstätten
ernähren
Käfer
regelmäßig
Gäste

→ S. 105

… Der Bewuchs verändert das Kleinklima: Die Sonnenhitze wird abgemildert, er bietet Schutz vor Nässe und Kälte, die Macht des Windes wird gebremst.
An einer begrünten Hauswand kann sich Leben entfalten. Vögel finden Nist- und Schlafstätten, Nester und Vogelkot ernähren Kleinlebewesen, Blüten suchende Insekten sammeln Nektar und Pollen. Spinnen lauern in den Blüten auf Insekten. Regelmäßige Gäste an einer begrünten Hauswand sind Ameisen, Fliegen, Wespen, Schmetterlinge, Käfer …

Klima
gebremst
Hauswand
entfalten
Vogelkot
bietet
Insekten
Wespen
abgemildert
Nektar
Siedlung
lebens-
feindlich
Bedeutung

3 Kläre zunächst alles, was du nicht verstehst.

4 Notiere die Vorzüge einer lebenden Hauswand, z. B.:
Eine begrünte Hauswand schützt vor …

5 Was könnte an oder in eurem Schulhaus verändert werden?
Macht Vorschläge und tragt sie in eine solche Tabelle ein:

Wo sind Veränderungen möglich?	*Was könnte getan werden?*	*Warum sollte verändert werden?*
Hauswand *Klassenzimmer* *Schulhof* *…*	*Kletterpflanzen* *Grünpflanzen* *…* *…*	*um Lebensraum für …* *…* *…*

**Umweltprojekt
Problem erkennen** 65

6 Versucht auch andere Klassen für die Begrünungsaktion zu gewinnen. Entwerft einen Aufruf für die Schülerzeitung und das schwarze Brett (Anschlagtafel der Schule).

Frische Luft in die Schule!

Unsere grauen und eintönigen Schulmauern werden ...

Deshalb wollen wir ...

... am 16. März im Raum 106 (Klasse 6c) bei Rosenbaum ...

Ihr könnt mit euren Vorschlägen ......

Aufruf
– mit Überschrift, die neugierig macht
– derzeitiges Aussehen der Schule beschreiben
– ruhig etwas übertreiben
– auf Folgen für Schüler, Schülerinnen und Natur hinweisen

Veränderungen begründen, besondere Vorzüge kurz ansprechen:
– möglichst alle ansprechen
– Vorzüge für Mensch und Natur darstellen

Informieren über Abgabetermin und Annahmestelle für die Vorschläge:
– Datum, Klasse und den Namen der betreuenden Lehrkraft angeben

Dringende Aufforderung an alle:
– möglichst einprägsam schreiben

Umweltprojekt Einladung

7 Schreibt eine Einladung für einen Informationsabend.
Die Stichworte helfen euch dabei:

WER?
- Klasse 6c

WEN?
- Eltern
- Schulleitung
- Lehrkräfte
- Mitschüler
- Bürgermeister
- Grünflächenamt

WANN?
- Datum/Uhrzeit

WIE?
- Liebe ...
- Sehr geehrte
- Sehr geehrter
- Richtige Schreibung der Anredefürwörter

WO?
- Klassenraum der Klasse ...

WAS?
- Vorhaben der Klasse
- besondere Programmpunkte
- Ausschmücken der Einladung
- Unterstützung, Mithilfe, Ideen gesucht
- Viele sollen kommen

Eltern
Schulleitung
Lehrkräfte
Mitschüler/innen
Bürgermeister/innen
Grünflächenamt
Gärtner/innen

8 Sammelt Fragen, die ihr den Gästen stellen wollt.
Schreibt sie jeweils auf eine Karteikarte.

Frage an die Mitschüler:
... Zeit mitzuhel-...

Frage an den Gärtner:
Welche Pflege ist ... geeignet?

Frage an die Eltern:
... Unterstützung

Frage an den ...
Ab wann k...
benutzt wer...
Antwort:

Frage an den Gärtner:
In welchem Abstand wird gepflanzt?
Antwort:

mehr Grün
begrünt
betongrau
langweilig
unfreundlich
überrascht
Lebensraum
Grünpflanze
Kletterpflanze
Topfpflanze
Blumenkübel
Sträucher
verändern
lohnen

Kletterpflanzen

Einleuchtend ist gewiss, dass alle Pflanzen, die zum Klettern auf Rank- und Stützhilfen angewiesen sind, keine unmittelbaren Bauschäden verursachen, da sie ihren Halt nicht direkt an der Fassade suchen. Eine Begrünung mit Rankern, Windern und Spreizklimmern bietet in dieser Hinsicht den besten Erfolg und ist unproblematisch. Nur die sogenannten echten Kletterer wie Efeu und Wilder Wein können Probleme verursachen. Doch richtig angewandt sind auch in diesem Fall die Probleme auszuschließen. […]
Ein zusammenfassender allgemeiner Grundsatz sollte also lauten: Erst prüfen, ob die Fassade intakt ist, dann pflanzen!

Kurzbeschreibungen von Pflanzen:
– unverwüstlich
– schnellwüchsig
– …

Efeu:
Wurzelkletterer. Immergrün, gedeiht auch in schattigen Lagen. Bei intensiver Besonnung im Winter leicht durch Frosttrocknis geschädigt.
Die Wildform leicht bis 30 m hoch. Es gibt auch weniger starkwüchsige Sorten. Früchte an den höchsten Ästen. Giftig.

Weinrebe:
Rankenklimmer, sonnenliebend, pflegebedürftig. Lokal bewährte Sorten beachten.

Brombeere:
Spreizklimmer. Wegen notwendiger Pflege ist zu stachellosen Sorten zu raten.

Kletterrose:
Spreizklimmer.
Liebt Licht, Wärme, Sonne und kalkhaltigen Boden. Zahlreiche Sorten.

Kletterhortensie:
Wurzelkletterer, immergrün, Kletterhilfe meist notwendig. Sonne, Halbschatten. Für geringere Höhen.

Umweltprojekt Kletterpflanzen — Vergleich/Auswahl

9 Überprüft, welche Pflanzen für eine Wandbegrünung an eurer Schule in Frage kommen. Legt dazu eine Tabelle an.

Pflanze	Blüher/ Nicht- blüher	Wuchs- höhe	Standort- bedin- gungen	Pflege	geeignet/ unge- eignet
Kletter- hor- tensie	*Blüher, immer- grün*	*geringe Höhe*	*Sonne und Halb- schatten*	*Kletter- hilfe*	*nicht geeignet*
…	…	…	…	…	…

Geißblatt:
Winder für geringe Höhen, Sonne oder Halbschatten. Manche Sorten sehr blühfreudig; Nektarpflanze für langrüsselige Schmetterlinge. Wintergrün.

Blauregen:
Winder. Kann für Regenrohre gefährlich werden. Starkwüchsige Sorten bis 15 m. Schmetterlingsblütler. Früchte giftig.

Waldrebe:
Rankenklimmer. Liebt schattigen Wurzelbereich. Verschiedene Arten und Sorten unterschiedlicher Wüchsigkeit.

Schlingknöterich:
Winder. Sehr starkwüchsig. („Architektentrost", weil man mit Knöterich unschöne Gemäuer schnell zudecken kann.)

Wilder Wein:
Selbstklimmender Ranker (Haftscheiben). Schnellwüchsiger Wandbedecker, Nektarpflanze.

**Umweltprojekt
Pflanzanleitung** 69

Spaten
Gartenschere
Mulde
Pflanzloch
Mulch
Gießkanne
Pflanze
Wurzelballen
Komposterde
Kletterhilfe

10 Schreibe eine Pflanzanleitung:
  a) Bringe die Arbeitsschritte in die richtige Reihenfolge.
  b) Welche Verben passen am besten zu den einzelnen Arbeitsschritten?
  c) Entscheide dich für eine Form der Darstellung,
     z. B.: *Fülle das Pflanzloch ganz aus und …*
     oder   *Du musst das Pflanzloch ganz ausfüllen und …*
     oder   *Dann füllst du das Pflanzloch ganz aus …*

Kletterpflanzen brauchen etwas Pflege:
– Jungpflanzen gießen (anfangs regelmäßig, später bei Trockenheit)
– Wildkräuter jäten
– Boden lockern
– Steine und Abfälle herauslesen
– Niedriges Drahtgeflecht zum Schutz von Jungpflanzen anbringen
  (Drahthose)
– Kletterhilfe überprüfen

anbringen
aufstellen
befestigen
ausheben
graben
andrücken
herausnehmen
entfernen
vermischen
füllen
ausstopfen
angießen
anfeuchten
einpflanzen
setzen

11 a) Sprecht darüber, wie die Pflege geregelt werden soll.
  b) Schreibt die Vereinbarungen auf.

12 Beobachtet in regelmäßigen Abständen, welche Tiere sich in den Kletterpflanzen ansiedeln.
  Legt dazu einen Beobachtungsbogen an.

13 Schreibt einen Zeitungsbericht über eure lebende Hauswand.
  Vielleicht macht euer Beispiel Schule.

Ein Umwelt-Märchen

Mario Bolognese
Die Betonblume

Schon lange lagen der König von Betonien und die Königin der Erde miteinander in Streit.
„Das ist kein Leben mehr", klagten die Lebewesen der Erde, die Ameisen, Käfer, Schmetterlinge und die vielen Pflanzensamen und Wurzeln. Sie waren eingeschlossen, konnten nicht mehr atmen, lebten wie in einem Kerker, dessen Tür zubetoniert ist. Immerfort suchten sie einen Spalt, eine Ritze um ans Sonnenlicht zu kommen. Aber da der König von Betonien alles ordentlich und gründlich haben wollte, legte er seinen grauen, harten Mantel über die Erde ohne sich um den Widerspruch von unten zu scheren.
Der König von Betonien hatte großartige Maschinen und Werkstätten und viele Wissenschaftler. Aber die Königin der Erde besaß das uralte Wissen vom Feuer, von den Pflanzen, von tief verschütteten Gesteinen und Erzen. In geheimen Höhlen gingen ihre Magier und Zwerge ans Werk, fügten dieses und jenes zusammen und mischten verschiedene Samen und Wurzeln.
Und in einer schönen Nacht – den schönen Tag gab es ja nur oben – war es so weit: Die Betonblume war geschaffen. Schon schlug sie zornig gegen die graue Decke. Und es gelang ihr: Sie durchbrach den Beton und drang ans Sonnenlicht. Sie war grün, hatte einen hübschen, flaumigen Silberrand und viele rotgelbe Knospen.

Auf jeder Straße und auf jedem Platz brachen Betonblumen hervor, verbreiteten sich und wurden groß wie Bäume. Auch ihre Knospen wurden größer, öffneten sich im Sonnenlicht und begannen ganz eigenartig zu duften.

Die Arbeiter des Königs von Betonien kamen mit ihren Universalschneidemaschinen angefahren – doch da stieg der Duft in ihre Nasen und sie begannen zu vergessen, dass sie gekommen waren um die Pflanzen abzusägen. Sie lächelten, träumten vor sich hin und schliefen schließlich ein.

Die Kinder von Betonien hatten zuerst ein wenig Angst, aber dann feierten sie ein großes Fest, das Betonblumenfest. Und sie bestaunten die eifrig umherlaufenden Ameisen, die krabbelnden Käfer, die flatternden Schmetterlinge. So etwas hatten sie noch nie gesehen. Sie kletterten auf die kräftigen Äste der Betonblume und jedes Mal, wenn der Beton einen neuen Sprung bekam, tanzten und sprangen sie herum.

Die schönen Pflanzen waren wie ein Zeichen des Lebens und der Freude und als sie den ganzen Betonboden der Stadt durchlöchert hatten, musste der stolze König von Betonien klein beigeben: Er schloss Frieden mit der Königin der Erde.

Und seither hat jede Straße, jeder Platz, jede Häusergruppe ihren grünen Fleck – Wiesen, Bäume und Sträucher.

Vielleicht hat der König von Betonien sich sogar selbst ein wenig geändert, vielleicht denkt er weniger an seine Maschinen und lernt es, heiter und fröhlich zu sein.

Im Grunde sind wir alle wie die Bäume: Wir brauchen ein Stück Erde, wenn wir uns an der Sonne erfreuen wollen.

1 Worauf geht das Betonblumenfest zurück?

2 Schreibe die wichtigsten Informationen über die Betonblume heraus.

BETONER RUNDSCHAU

Betonblumenfest wieder ein großer Erfolg!

Betonstadt (red.)
Das alljährliche Betonblumenfest im Stadtpark von Betonstadt hat auch dieses Mal Tausende von Besuchern angelockt. Wir haben für unsere Leser und Leserinnen nach dem Ursprung und dem Sinn dieses Festes geforscht.
[…]

3 Schreibe den Bericht der „Betoner Rundschau" zu Ende.

Umweltprojekt

Grüne Hölle oder Wiese?

Ein Klassenzimmer (ein Flur) lässt sich leicht in eine **"grüne Hölle"** verwandeln.

1. a) Informiert euch in einem Ratgeber über Zimmerpflanzen, welche Grünpflanzen dafür am besten geeignet sind.
   b) Entwerft eine Anzeige für die Schülerzeitung / den Elternbrief, in der ihr um Ableger oder zu groß gewordene Topfpflanzen bittet.

2. Beschreibe, wie man eine Topfpflanze umtopft.

Oder wollt ihr lieber eine **Wildblumenwiese** anlegen?

3. Informiert euch in einer Spezialgärtnerei oder beim Gartenamt, wie man am besten den Boden für eine Wildblumenwiese vorbereitet.

Bezugsquellen für Saatgut

Carl Sperling & Co
Pflanzenzüchter
Hamburger Str. 35
21339 Lüneburg

Andreas Hoch
Potsdamer Str. 40
10785 Berlin

Odenwälder Pflanzen-
kulturen Kayser & Seibert
Wilhelm-Leuschner-Str. 83
64380 Rossdorf

Neben einem umfangreichen Gemüse-saatgutangebot „Sperli" bekommt man hier auch Wiesenblumen- und Kräuter-mischungen, ebenso die Mischungen für biologische Bodendesinfektion.

Hier werden seltene Blumenzwiebeln angeboten.

Umfangreicher Katalog mit Pflanzen-stauden aller Lebensräume.

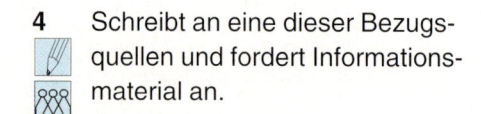

4. Schreibt an eine dieser Bezugs-quellen und fordert Informations-material an.

5. Schreibt eine Bestellung für Wildblumensamen.

6. a) Beschreibt, wie ihr den Boden für eure Wildblumenwiese vorbereitet habt.
   b) Haltet die einzelnen Arbeits-schritte in Fotos fest.

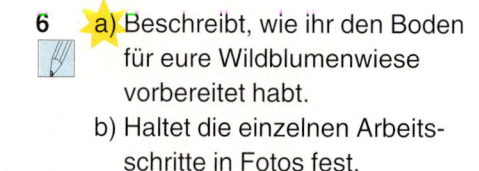

7. Auch für's „grüne Klassenzimmer" oder die Wildblumenwiese könnt ihr die Vorschläge von Aufgabe 12 und 13 auf Seite 69 nutzen.

Texte überarbeiten

Bernhards Diener

Eigentlich war es ein Julitag wie jeder andere. Vielleicht war es heute ein wenig heißer als die Tage zuvor. Herrn Fulge war das nur recht, denn morgen wollte er mit Frau und Kindern in Urlaub fahren.
„Diese Tour fahre ich noch, dann mache ich Feierabend", murmelte Herr Fulge vor sich hin und fuhr gut gelaunt mit seinem Taxi zu einer Kundin.
Er hatte die Tour über Funk vermittelt bekommen und die Funkerin aus der Taxizentrale hatte ihm gesagt, dass sein Fahrgast ein Hund sein würde.
„Wenigstens kann ein Hund nur sabbern und nicht sabbeln", dachte er, denn sein letzter Fahrgast war ihm gehörig auf die Nerven gegangen mit seinem Gerede.
Einen kleinen Schrecken bekam Herr Fulge dann doch, als er seinen Fahrgast sah.
„Keine Angst, der ist vollkommen harmlos und fährt gern im Auto mit", sagte Frau Krämer, die das Taxi bestellt hatte, „und bis zum Bahnhof möchte ich sowieso noch mitfahren."
Herr Fulge lächelte verlegen.
„Solange er nicht hinter dem Steuer sitzen will", sagte er und streichelte den Bernhardiner behutsam hinter dem Ohr.

Mit der Geschichte auf diesen Seiten kannst du unterschiedlich arbeiten:
– Du kannst dir zu dem Anfang auf dieser Seite eine spannende, lustige oder auch traurige Geschichte ausdenken und dann aufschreiben.
– Du kannst dir auch nur die Bilder ansehen ohne den Text zu lesen. Erfinde eine Geschichte zu den Bildern und schreibe sie auf.
– Wer kann seine Geschichte auch noch illustrieren?
– Du kannst aber auch die ganze Geschichte lesen und mit den Tipps überarbeiten.

74 TIPP 1

TIPP 1

Sätze vervollständigen

Als Herr Fulge den großen Hund streichelte, leckte der ihm die Hand.
„Igitt, nun lass das, Bernhard", ■ Frau Krämer.
„Wie bitte? Woher kennen Sie meinen Vornamen?", fragte Bernhard Fulge verdutzt und griff nach dem Koffer, den Frau Krämer in den Flur gestellt ■.
Frau Krämer lachte und sagte: „Entschuldigen Sie, aber ich meine den Hund. Er gehört ■ Bruder und der meint, ein Bernhardiner könne nur Bernhard heißen."
Bernhard sah Bernhard mit treuen Augen an.
„Na bitte, er mag. Ich habe drei Wochen ihn aufgepasst. Eigentlich müsste ich sagen: Er hat auf mich aufgepasst", sagte Frau Krämer.
„Mein Bruder kommt nämlich heute aus dem Urlaub zurück. Ich gleich nach Österreich und wenn Sie mich am Bahnhof abgesetzt, müssen Sie Bernhard nur noch in die Däumlingswiesen 6 fahren."
„Na prima, ich wohne ein paar Straßen weiter und wollte sowieso Feierabend machen."
Als sie in das Taxi stiegen, sprang der Hund auf die Rückbank und blickte aus dem Fenster.

Beim Schreiben sind die Gedanken oft schneller als die Hand. Deshalb lässt man häufig ein Wort aus ohne es zu merken. Wenn du den Abschnitt langsam und genau liest, merkst du sofort, wo etwas fehlt. **Achtung:** Die drei ersten Auslassungen sind markiert, die weiteren musst du selbst finden.
Wenn du bei deinen eigenen Textentwürfen einen Rand lässt, kannst du mit den Auslassungszeichen solche Stellen markieren.

Der Bernhardiner sah noch eine Weile hinter Frau Krämer her, bis sie verschwunden war.
„Na, Bernhard, alles klar dahinten?", fragte Bernhard Fulge. Als Antwort knurrte der Bernhardiner zufrieden und stupste Herrn Fulge mit der Schnauze am Hinterkopf.
Erst als sie in die Däumlingswiesen abbogen, wurde der Bernhardiner etwas unruhiger. Er versuchte sich aufzurichten und sein Schwanz schlug aufgeregt hin und her.
„Ruhig, mein Kleiner, gleich bist du wieder bei deinem Herrchen", beruhigte ihn Herr Fulge.
Der Bernhardiner sprang auf die Straße, lief auf die Hausnummer 6 zu und setzte über den Gartenzaun. Herr Fulge war über die Gewandtheit des so tollpatschig und behäbig wirkenden Bernhardiners erstaunt. Er selbst zog es jedenfalls vor, durch die kleine Gartentür zu gehen.
Herr Fulge klingelte. Der Bernhardiner stellte sich auf die Hinterbeine und schlug mit den Vorderpfoten auf die Türklinke. Aber die Tür war verschlossen. Nachdem Herr Fulge noch einige Male geklingelt hatte, sagte er zu dem Bernhardiner, der noch immer vor der Haustür hockte: „Was machen wir nun?" Der Bernhardiner sah Herrn Fulge mit traurigen Augen an.
„Komm, wir fahren zu mir, wahrscheinlich hat dein Herrchen den Zug oder das Flugzeug verpasst und kommt ein paar Stunden später." Herr Fulge sprach mit dem Bernhardiner, als würde der ihn verstehen, und der Bernhardiner folgte ihm ins Auto.

TIPP 2

Wortwiederholungen vermeiden (Ersatzprobe)

Wortwiederholungen sind beim ersten Entwurf häufig, aber man kann sie bei der Überarbeitung leicht verbessern. Zunächst musst du allerdings die Wortwiederholungen finden.
In diesem Text ist es nur ein Wort, das sehr oft vorkommt. Überlege, wie du es durch andere Nomen (Hauptwörter) oder durch Pronomen (Fürwörter wie **er**, **sie**, **es**) ersetzen kannst.

TIPP 3

Sätze verbinden

↔

← S. 48

Silke schnitt gerade auf dem Küchentisch einige Tomaten klein. ↔
Herr Fulge schloss die Tür auf. ..., als
„Hallo", begrüßte ihn seine Tochter ohne sich umzusehen. „Sag mal, Vati, willst du deine Würstchen kalt oder warm essen?", fragte Harald. Er holte gerade die Schüssel mit dem Kartoffel- ↔
salat aus dem Eisschrank. ..., der
Als Antwort ertönte ein lautes Schmatzen. Beide drehten sich er- ↔
schrocken um. So hatten sie ihren Vater noch nie schmatzen hören! ..., denn
„Ein Be-, Be-, Bernhardiner", stammelte Harald. Vor Schreck ließ ↔
er die Schüssel fallen. ... ?
„Bernhardiner oder auch Vielfraß", ergänzte Silke. Sie schnappte sich die dreieinhalb übrig gebliebenen Würstchen vom Teller. Das halbe Würstchen warf sie dem Hund zu. Er verschlang es in null Komma nichts auch noch.
Herr Fulge erzählte den Kindern, was passiert war.
„Ich werde mir die Nummer heraussuchen. Ich will dort in regel- ↔
mäßigen Abständen anrufen. Name und Adresse habe ich ja", ... ?
sagte Herr Fulge.
„Wenn der Besitzer nicht zu Hause ist, werden wir verhungern", meinte Harald.
Bernhard, der Hund, trottete in Silkes und Haralds Zimmer. Er ↔
legte sich in eine schattige Ecke neben dem Etagenbett. ... ?

Manchmal klingen Texte mit kurzen Sätzen abgehackt. Du kannst dann probieren die Sätze miteinander zu verknüpfen. Wo das Zeichen ↔ steht, ist es möglich, zwei Sätze miteinander zu verbinden. Das Wort unter dem Doppelpfeil gibt dir dazu eine Hilfe. Wo es fehlt, musst du selbst eins finden.
Achtung: Im angehängten Satz ändert sich die Wortstellung.

Frau Fulge setzte sich nach dem kargen Essen in das Wohnzimmer. Herr Fulge machte den Abwasch. *Er rief zwischendurch immer wieder bei Herrn Krämer an.*
Frau Fulge fragte aus dem Wohnzimmer: „Bernhard, bringst du mir bitte die Fernsehzeitung? Ich bin total erledigt."
Frau Fulge arbeitete nämlich als Verkäuferin. *Sie musste erstmal die Beine hochlegen. Sie hatte acht Stunden hinter dem Ladentisch gestanden.*
Bernhard schnappte sich die Fernsehzeitung von Silkes Schreibtisch und brachte sie ins Wohnzimmer. Frau Fulge sah gar nicht, dass der Hund neben ihr hockte. „Wo ist denn die Zeitung?", rief Herr Fulge aus dem Flur.
Frau Fulge öffnete langsam die Augen und sah, dass der Hund mit der Zeitung in der Schnauze neben ihr saß. *Sie griff vorsichtig danach* und fragte den Hund lachend, ob er Bernhards Diener sei. *Sie kraulte dabei den Bernhardiner hinter den Ohren. „Man müsste Hund sein",*
murmelte Bernhard Fulge, als er das sah.

Sätze, die immer mit dem Subjekt (Satzgegenstand) anfangen, machen Texte manchmal eintönig.
Die blau gedruckten Sätze eignen sich für eine Umstellung.
Probiere aus, wie sie am besten klingen, und schreibe sie dann auf.

TIPP 6

Abwechslungsreich schreiben
(Umstellprobe)

TIPP 5

Redezeichen setzen

← S. 10

→ S. 120

Herr Krämer meldete sich nach zwei Stunden noch immer nicht am Telefon.
Einer von uns sollte mal mit dem Hund vor die Tür gehen meinte Silke.
Hat jemand eine Leine fragte sie ihren Vater. Die liegt im Auto antwortete Herr Fulge.
Sagt mal, was wir machen sollen rief Frau Fulge wenn Herr Krämer sich bis morgen früh nicht meldet. Schließlich wollen wir ja morgen in Urlaub fahren.
Dann fahren wir eben erst los, sobald wir Herrn Krämer erreicht haben schlug Harald vor.

Frau Fulge gab zu bedenken: „Ist es nicht besser, wir rufen erst einmal im Tierheim an und fragen dort nach, was man mit Bernhard machen kann?"
Silke sagte: „Harald und ich können ja mit dem Hund Gassi gehen. Herr Krämer wohnt doch nur ein paar Straßen weiter. Dann können wir auch gleich die Nachbarn fragen, ob die den Hund nehmen können und …" „Und auf dem Rückweg gleich zum Imbissstand gehen, weil mein Magen knurrt", unterbrach Harald.
So gingen die Kinder mit dem Hund spazieren. Aber es war nicht ganz klar, wer wen an der Leine führte – Bernhard jedenfalls zog so stark, dass Harald Schwierigkeiten hatte ihm zu folgen.

Wenn du einen Text mit wörtlicher Rede vorlesen willst, erleichtern dir die Redezeichen den Vortrag. Du kannst dann den Begleitsatz mit etwas anderer Stimme sprechen als die wörtliche Rede.
In diesem Abschnitt fehlen am Anfang aber nicht nur die Redezeichen, sondern auch noch Kommas und andere Satzzeichen.
Schreibe die Sätze ab und setze alle Satzzeichen.

TIPP 7 — 79

Als sie bei Herrn Krämers kleinem Haus ankommen und klingelten, öffnete niemand die Tür. Da macht der Bernhardiner einen Satz und schlug mit den Vorderpfoten auf die Türklinke. Zu ihrer großen Verblüffung springt die Tür auf.
Harald fragt unsicher: „Hat Vater nicht gesagt, die Tür sei zu?"
Der Bernhardiner jedenfalls rannte ins Haus. Silke folgt dem Hund und rief: „Hallo, ist da jemand?"
Niemand meldet sich, aber aus einem Zimmer ertönte Popmusik. Bernhard läuft in die Küche, wo ein frisch gefüllter Fresstrog und eine Schale Wasser standen. Der Hund machte sich sofort über das Fressen her.
Die Kinder gingen der Musik nach, die aus dem Wohnzimmer kam, aber auch dort war niemand zu sehen.

Wenn man einen Text schreibt, muss man sich normalerweise für eine bestimmte Zeitform des Verbs entscheiden. Bei zurückliegenden Ereignissen benutzt man in der Regel das Präteritum (die Vergangenheitsform).
Berichtige beim Abschreiben.

★ Es gibt aber eine Ausnahme: Wenn man eine Stelle besonders spannend erzählen möchte, kann man ins Präsens (die Gegenwartsform) wechseln. Überprüfe, welcher Teil im Präsens stehen kann, und schreibe ihn zusammenhängend auf.

TIPP 7

Zeitformen des Verbs kontrollieren

TIPP 4

Sätze durch zusätzliche Angaben verdeutlichen (Erweiterungsprobe)

Plötzlich rannte Bernhard aus der Küche, schoss ■ durch den Flur und dann durch die Haustür hinaus. Silke und Harald jagten ■ hinter ihm her. Auf der Straße kam ein Mann, den der Hund ■ fast umrannte. Er sprang ihn an, bellte und wedelte mit dem Schwanz.

„Na bitte, das ist ja wohl Herr Krämer", sagte Silke und Harald murmelte: „Willkommen daheim!"

„Habt ihr mir meinen ■ Bernhard gebracht?", fragte Herr Krämer, als er mit dem ■ Hund durch die Gartentür kam.

Ein Text wird oft lebendiger, wenn man ihn an verschiedenen Stellen ergänzt. Versuche zunächst selbst dich an den markierten Stellen genauer auszudrücken.

Du kannst aber auch die folgenden Wörter benutzen:

vor Freude – wie der Blitz – so schnell es ging – treuen – fröhlich bellenden

Silke erzählte den Ablauf der Ereignisse Herrn Krämer. Herrn Krämer war die Geschichte sehr unangenehm. „Ich hatte leider meinen Zug verpasst. Ich wusste ja, dass meine Schwester den Hund mit dem Taxi hierher bringen lassen wollte. Ich kam nach Hause. Ich klingelte bei den Nachbarn. Die schienen auch alle in Urlaub zu sein.
Daher suche ich Bernhard überall. Falls er ausgesetzt worden ist, hätte er den Weg nach Hause auch allein gefunden. Wenn er die Musik gehört und das Fressen in der Küche gefunden hätte, hätte er gewusst, dass ich wieder daheim bin. Es tat mir wirklich sehr Leid. Wie kann ich das nur wieder gutmachen?"
Ist doch alles halb so schlimm sagte Silke. Harald sagte Wir hatten nur Angst, morgen nicht nach Italien fahren zu können. Das Essen fiel heute auch sehr mager aus sagte Silke weil Bernhard uns alles weggefressen hat.
„Na prima, dann ich euch und eure Eltern in das italienische Restaurant ein, sozusagen als Vorgeschmack auf euren. Die Eltern rufen einfach an", schlug Herr Krämer vor.
„Und Bernhard?", fragte Silke.
„Der bleibt hier. Der mag kein italienisches Essen, der steht mehr auf Würstchen", sagte Herr Krämer.
Silke und Harald lachten: „Darauf wären wir nie gekommen."

In diesem Textstück geht es darum, mehrere Tipps auf einmal anzuwenden. Mach dir zunächst Notizen, wie du die einzelnen Textstellen verbessern willst. Schreibe dann den Text richtig auf.

TIPP 1–7

TIPP 3 ↔..., dem
TIPP 6

TIPP 3 Als ..., ↔...
aber

TIPP 7, TIPP 4

TIPP 4
TIPP 7

TIPP 5, TIPP 2

TIPP 1

TIPP 1
Sätze vervollständigen

TIPP 2
Wortwiederholungen vermeiden (Ersatzprobe)

TIPP 3
Sätze verbinden
↔

TIPP 4
Sätze durch zusätzliche Angaben verdeutlichen (Erweiterungsprobe)

TIPP 5
Redezeichen setzen

TIPP 6
Abwechslungsreich schreiben (Umstellprobe)

TIPP 7
Zeitformen des Verbs kontrollieren

Schreib-anregungen

Schreib doch mal!

In diesem Kapitel findest du Ideen und Beispiele, die dir helfen sollen eigene Geschichten oder Gedichte zu schreiben.

Du entscheidest alleine, welche Texte du schreiben möchtest. Ob sie lustig oder traurig, spannend oder gruselig, lang oder kurz sind, entscheidest du auch selber.

Manche dieser Schreibanregungen sind für eine Gruppe gedacht. Hier müsst ihr klären, ob alle die Regeln verstanden haben, bevor ihr anfangt zu schreiben. Andere Schreibanregungen kannst du gut allein bearbeiten und deine Geschichten dann mit anderen besprechen, wenn du fertig bist.

Am Ende kannst du zum Beispiel aus allen Geschichten ein kleines Buch zusammenstellen, das du auch verschenken kannst.

Ideen zur Verbesserung deines Textes findest du Seite 89: „Schreib-Werkstatt-Gespräche".

Mein Traumhaus

Hier sind sogenannte Traumhäuser abgebildet.
In solchen Häusern erlebt man natürlich besondere Geschichten.
Auch dieses sind mögliche „Traumhäuser":

- Schneckenhaus
- Schachtel
- Fuchsbau
- Nähkorb
- Kanalrohr
- Spielzeugkiste
- Baumhaus
- Muschelschale
- Nest
- Ameisenhaufen
- Schuh
- Fass
- Puppenhaus
- Wohnwagen
- Nussschale
- Höhle
- Blumentopf
- Schultasche
- Mauseloch
- Zelt
- Kramkiste

Schreib-
anregungen

Namen buchstabieren – Namengeschichten

Schreibe die Buchstaben deines Vornamens untereinander. Schreibe dann neben jeden Buchstaben ein Wort, das mit diesem Buchstaben beginnt. Nun tauschst du mit deinem Tischnachbarn oder deiner Tischnachbarin die Zettel aus. Er/sie schreibt für dich eine Geschichte, in der alle Wörter, die du aufgeschrieben hast, vorkommen müssen; du schreibst umgekehrt eine solche Geschichte für ihn/sie.

G Gänseblume
I Igel
S sumpfig
E Eimer
L Lockenkopf
A automatisch

Gedichtpuzzle

der, und, kracht, bringen, Ente, das, spannen, Eine, Sie, fliegt, bums!, sich, im, Hilfe, da, dannen, er, Getöse, niemand, böse, unsrer, Gibt's, Schrot, im, die, Jägersmann, heiter, man, denn, sieht, Schon, Hahn, ist, Ente, der, sitzt, Boot, mit, den, Schilfe, Ente, ist, von, kann?, und

Hier sind die 45 Wörter eines Gedichts durcheinander gewürfelt. Versuche mit deinem Tischnachbarn oder deiner Tischnachbarin aus diesen Wörtern, die nicht verändert werden dürfen, ein neues Gedicht zu schreiben.
Am besten geht ihr dabei so vor:
    Ihr schreibt alle Wörter untereinander auf ein Blatt Papier und schneidet sie einzeln aus. Dann legt ihr auf einer festen Unterlage (Zeichenpapier, Packpapier) mit den Wörterzetteln ein neues Gedicht.
    Wenn ihr damit fertig seid, schreibt ihr das Gedicht ab.
Das ist nicht einfach, es darf dafür aber auch ein Unsinns-Gedicht werden.

Schreibspiele 85

Geschichten würfeln

Mit einem Würfel wird in der Tischgruppe der Anfang oder der Hauptteil einer Geschichte ausgewürfelt. Die gewürfelte Zahl entspricht einem der nachfolgenden Sätze. Dazu sollst du den Rest bzw. den Anfang der Geschichte erfinden. Wer eine 6 würfelt, hat die freie Auswahl.

... und da merkten sie, dass sie von der Außenwelt ganz abgeschnitten waren. ⚀

Als ihr letzter Zehner auch wieder durchfiel, schlug sie wütend mit der Faust gegen das Telefon ... ⚁

Obwohl er den Computer schon ausgeschaltet hatte, erschien plötzlich diese Nachricht auf dem Bildschirm ... ⚂

Johanna hatte den Zettel mit den Ergebnissen der Mathearbeit weitergeschoben. Auf einmal überkam sie ein komisches Gefühl ... ⚃

Nun hatten sie nur noch einen Wunsch frei ... ⚄

Abwandlung

Du schreibst die Geschichte nur ein Stück weiter, z. B. bis zu einem spannenden Ereignis oder einer lustigen oder verblüffenden Begebenheit. Dann tauschst du deine Geschichte gegen eine andere aus und schreibst diese weiter. Wenn man das oft genug macht, sind die Geschichten deiner Tischgruppe eine echte Gemeinschaftsproduktion.

Problemgeschichten

Erfinde eine Person. Beginne eine Geschichte von dieser Person zu erzählen. Schreibe die Geschichte bis zu einem Punkt, an dem ein Problem entsteht. Hier brichst du ab.

Nun sammelt ihr alle Anfänge ein. Jede/r zieht einen fremden Geschichtenanfang und schreibt die Geschichte fertig.

Lügengeschichten

Ina fuhr erschrocken aus dem Bett hoch. Natürlich, sie hatte wieder einmal verschlafen! Und in der ersten Stunde stand die alles entscheidende letzte Deutscharbeit vor den Sommerferien an! Schnell schlüpfte Ina in ihre Jeans, zog die Schuhe aus, die Socken drüber und stürzte in die Küche. Ein Blick auf die alte Standuhr beruhigte sie. Sie hatte noch 10 Minuten Zeit um die U-Bahn zu erwischen. Es war erst 4 Uhr. Ina stellte die Uhr wieder zurück auf den Küchenschrank, zog ihr Nachthemd an und schnitt sich ein Butterbrot ab. Während sie unter der Dusche stand und ihre Haare kämmte, fiel ihr ein, dass sie ja noch das Mathematikheft einpacken musste. Ohne Heft bekam man gleich eine schlechte Kunstnote. Das konnte sich Ina so kurz vor den Herbstferien nicht leisten. Während Ina von ihrem Käsebrot abbiss, durchstöberte sie den Kühlschrank. Es war reiner Zufall, dass sie das Englischheft gleich fand. Nun musste sie sich aber beeilen, denn sie hatte nur noch 20 Minuten. Ein letzter Biss in ihr Wurstbrot, den Ranzen auf, den Mantel an, die Tür abgesperrt und aus der Wohnung. Gut, dass sie im Parterre wohnten. Ina raste die zwei Stockwerke runter, nahm immer zwei Stufen auf einmal und rannte aus dem Haus. Rums, da saß sie auf dem Gehweg, mitten zwischen den Straßenbahnschienen. Schon wieder hatte niemand gestreut, obwohl seit Tagen Glatteis angesagt war. Ina schimpfte so leise vor sich hin, dass einige Passanten aufmerksam wurden und ihr beim Aufstehen halfen. Im Bus bekam sie natürlich wieder keinen Sitzplatz. Wie an jedem Sonntagmorgen war alles besetzt. Mit Verspätung kam Ina an der Schule an. Sie schlüpfte noch vor ihrem Deutschlehrer, der wie immer etwas zu früh kam, in die Klasse. Als Ina das Thema der Deutscharbeit sah, musste sie lachen. Es lautete „Ein hektischer Morgen".

In dieser Geschichte sind viele Angaben durcheinander geraten, falsch oder unlogisch. Berichtige das. Schreibe selbst eine Lügengeschichte.

Freies Schreiben 87

Ein bisschen Angst hatte ich schon, als ich mich auf den Weg machte …

Worüber unterhalten sich die beiden großen Pinguine?
Sind sie die Eltern der kleinen?
Hat das eine Kind etwas angestellt?
Woran denkt es?
Warum schaut es nach unten?

Bei eurer Klassenfahrt in das Ferienlager gab es ein paar Hindernisse. Als du aus dem Zugfenster schautest, blieb dir die Luft weg …
Was wird der Lokführer in seinem Fahrtbericht schreiben?

Mit Wörtern Gedichte und Geschichten malen

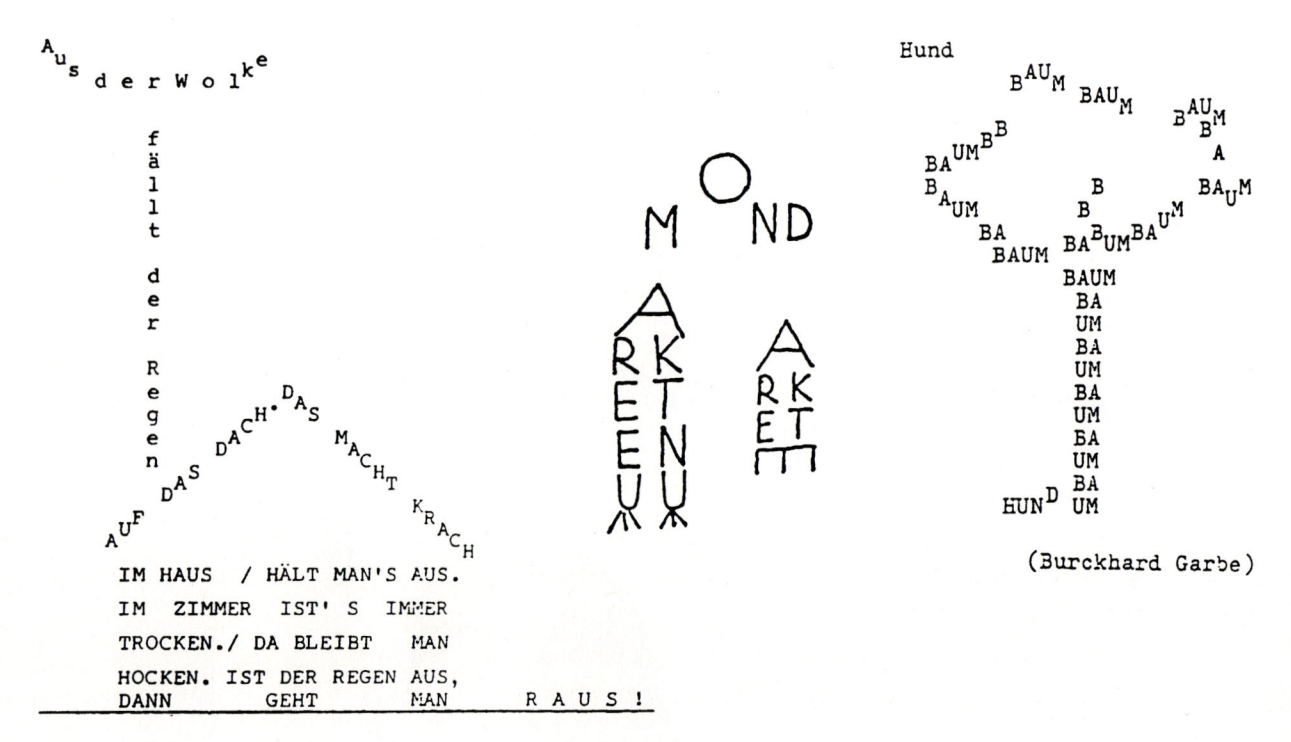

Aus der Wolke
fällt der Regen
auf das Dach. Das macht Krach

IM HAUS / HÄLT MAN'S AUS.
IM ZIMMER IST'S IMMER
TROCKEN./ DA BLEIBT MAN
HOCKEN. IST DER REGEN AUS,
DANN GEHT MAN RAUS!

Paul Maar

MOND
MARKT MARKT

Hund
BAUM BAUM BAUM
BAUM BB BAUM A
BAUM B BAUM
BA B
BAUM BABUMBAUM
BAUM
BA
UM
BA
UM
BA
UM
BA
UM
BA
HUND UM

(Burckhard Garbe)

GL🌐BUS

Eimer Eimer Eimer Eimer Eimer Eimer Eimer Eimer
Eimer   Eimer   Eimer
Eimer   Eimer   Eimer
Eimer   Eimer   Eimer
Eimer   Eimer   Eimer
Eimer   alles   Eimer
Eimer   Eimer   Eimer
Eimer   Eimer Eimer
Eimer Eimer Eimer

Burckhard Garbe

avenidas	Steffi
avenidas	Steffi und Wimbledon
avenidas y flores	Pokale
flores	Pokale und Tränen
flores y mujeres	Steffi
avenidas	Steffi und Tränen
avenidas y mujeres	Steffi und Wimbledon und Tränen und ein Tennisleben
avenidas y flores y mujeres y un admirador	
Eugen Gomringer	Sigune K.

Schreib-Werkstatt-Gespräche

Wer etwas für ein größeres Publikum schreibt, muss manchmal daran herumfeilen, bis die beste Form gefunden ist. Wenn du also deinen Text
– im Schulgebäude auf einem großen Plakatkarton oder einem Bogen Packpapier ausstellen willst,
– vervielfältigen und als Abreiß- und Mitnehmgeschichte an einem Baum festbinden willst,
– an einem Elternabend oder vor Schülerinnen und Schülern einer anderen Klasse vortragen willst,
– in ein Gedicht- und Geschichtenbuch deiner Klasse eintragen oder in der Schülerzeitung veröffentlichen willst,
dann solltest du deine Geschichte, dein Gedicht, deinen Comic, …
von anderen lesen lassen. Sie können dir sagen, was ihnen gut gefällt,
und du musst überlegen, ob du deinen Text nach ihrem Geschmack abändern willst oder nicht.
Aber je mehr andere man fragt, desto sinnvoller ist es, sich Regeln dafür auszudenken, wie diese Besprechung ablaufen soll:
Regeln für **Schreib-Werkstatt-Gespräche.**

1 Sprecht in der Klasse über solche Kritikregeln und sammelt sie.

> 1. Niemand wird ausgelacht!
> 2. Jedem soll zuerst etwas Gutes über den Text gesagt werden.
> 3. Es soll nur Positives gesagt werden.
> 4. Wer etwas schlecht findet, soll einen Verbesserungsvorschlag machen.
> 5.

2 Joachim Fritzsche hat in seinem Buch „Schreibwerkstatt" Vorschläge für Werkstattgespräche in kleinen Gruppen gemacht.

1. Vorschlag: „**Das Feedback**"
   Nach dem Vorlesen notieren **alle** einen Satz, eine Frage, eine Idee oder eine Bemerkung. Das muss dann jeder vorlesen (dieses nennt man Feedback). Der Autor oder die Autorin schweigt zunächst und geht erst am Ende auf das Vorgebrachte ein.
2. Vorschlag: „**Leserbrief**"
   Nach dem Vorlesen schreibt jeder einen kurzen Brief an den Autor oder die Autorin. Ob die mündlich oder schriftlich antworten, ist egal. Hauptsache, es findet noch einmal eine Gesprächsrunde statt, damit die Leserbriefe ausgewertet werden!
3. Vorschlag: „**In Stellvertretung für …**"
   Jemand stellt den Text einer/eines anderen vor und beantwortet auch die Fragen als Stellvertreter/in.
4. Vorschlag: „**Die Fragelawine**"
   Jede/r schreibt eine Frage zum vorgelesenen Text auf einen Zettel. Jemand sammelt alle Fragen, sortiert sie und gibt sie anschließend an die Autorin oder den Autor weiter.

Schreiben ist auch Rechtschreiben

Arbeitstechniken

Abschreiben

Wortlisten abschreiben

| **Einprägen** | Das Wort ansehen und einprägen, dabei leise mitsprechen, dann mit einem Blatt Papier abdecken. |

| **Aufschreiben** | Das Wort aus dem Gedächtnis aufschreiben, leise mitsprechen und genau mit der Vorlage vergleichen. |

| **Berichtigen** | Ein falsch geschriebenes Wort durchstreichen und richtig daneben schreiben. |

| **Überprüfen** | Zum Schluss noch einmal alle Wörter mit der Vorlage vergleichen, besonders die, bei denen du noch unsicher warst. |

Texte abschreiben

| **Durchlesen** | Den ganzen Text vorher durchlesen und Unbekanntes klären. |

| **Aufschreiben** | Einen Satz lesen und in einzelne Abschnitte einteilen:

Heute früh kam Jan   *nur mit Mühe*   *aus dem Bett.*

Den Abschnitt aus dem Gedächtnis aufschreiben und mit der Vorlage vergleichen. |

| **Berichtigen** | Falsch geschriebene Wörter durchstreichen und richtig darüber schreiben. |

| **Überprüfen** | Den ganzen Satz noch einmal mit der Vorlage vergleichen und besonders auf die Wörter achten, bei denen du noch unsicher warst. |

Nicht Buchstabe für Buchstabe abschreiben, sondern in einem Zug das ganze Wort.

Nicht nur einzelne Buchstaben streichen, sondern das ganze Fehlerwort.

Nicht Wort für Wort abschreiben, sondern einzelne Satzteile.

Partnerdiktat

Diktieren:

- Diktiere zuerst den ganzen Satz, wiederhole dann einzelne Satzteile.

- Sage sofort „stopp", wenn beim Schreiben ein Fehler gemacht wird.

- Gib Hilfen, wenn dein Partner/ deine Partnerin das Fehlerwort nicht berichtigen kann, oder zeige die Vorlage.

Schreiben:

- Bitte bei Unsicherheit um Hilfe.

- Berichtige das Fehlerwort.

- Lies den Text abschließend noch einmal genau durch.

In der Mitte des Textes könnt ihr die Rollen tauschen.

Im Wörterbuch nachschlagen

Grundwort bestimmen

Im Wörterbuch sind die Wörter nach dem Abc geordnet.
Aber nicht jedes Wort ist unter seinem Anfangsbuchstaben zu finden.
Manchmal musst du erst das **Grundwort** bestimmen:

Notunterkunft	(zusammengesetztes Nomen) findest du unter **Not** und **Unterkunft**,
Gänse	(Mehrzahl/Plural) unter **Gans** (Einzahl/Singular),
sie pfiff	(Personalform) unter **pfeifen** (Grundform/Infinitiv),
ausrutschen	(Verb mit Vorsilbe) unter **rutschen**,
eisglatt	unter **glatt**.

Probiere aus und schlage nach:
Puzzlespiel, Abenteuerurlaub, Bänke, Hüte, Zöpfe, er schrieb, sie sangen, sie trank, ausschütten, auswählen, vorspielen, haushoch, brühwarm, riesengroß.

Du kannst doch noch das Alphabet auswendig?

An Leitwörtern orientieren

Schlage das Wörterbuch an der Stelle auf, wo du den gesuchten Anfangsbuchstaben nach dem Abc vermutest.
Auf jeder Doppelseite steht über einer Linie oben links und oben rechts ein dick gedrucktes **Leitwort**.
Blättere so lange, bis dein gesuchtes Wort zwischen zwei Leitwörter passt.

Nach dem Alphabet ordnen

1 Wenn die ersten zwei oder mehr Buchstaben gleich sind, wird die Reihenfolge nach dem darauf folgenden Buchstaben entschieden.
Ordne entsprechend:

Waage	Wagen	Flug
Flur	Flucht	Wachs
Bogen	Boot	Boxer

2 Hier wird es noch schwieriger!
Schreibe in alphabetischer Reihenfolge:

sofort	Dieb	schlecht	wiederbringen
sobald	Diesel	Schlips	wiedersehen
solange	dieselbe	schleichen	wiederholen
sogar	dienen	Schleuse	wiegen
soeben	diejenigen	Schleier	wieviel
sogenannt	Dienst	schlimm	willkommen
sowohl	diesmal	Schleife	wimmern
sozusagen	diesig	schließlich	wiederkommen
soviel	Dienstag	schleppen	willkürlich
soweit	Diener	schließen	wimmeln

(Schlüsselteil)

Spalten durchgehen

3 Gehe die dick gedruckten Wörter am linken Rand der Spalten durch, bis du das gesuchte Wort gefunden hast, z. B. **sehen**.
Was erfährst du alles über das Verb **sehen**?

4 Schau dir die hier abgebildeten Wörterbuchseiten an. Welche zusätzlichen Angaben findest du z. B. bei **Seele**, **Spiel**, **sprechen**, **Rappe**, **Rat**?

„Hinweise zur Benutzung" beachten

In jedem Wörterbuch kannst du „Hinweise zur Benutzung" finden.
Dort sind alle Zeichen und Abkürzungen erklärt, die häufig vorkommen.

> **Hinweise zur Benutzung**
> → Der Pfeil vor einem Wort bedeutet: Lies auch bei diesem Stichwort nach.
> * Das Sternchen kennzeichnet die Mundartwörter.
> Bei jedem Mundartwort steht eine Erklärung.
> (5) Diese Zahl sagt dir, in welchem der 17 Kapitel hinten im Buch mehr über das Wort steht.

5 Suche Beispiele für diese Hinweise auf den hier abgebildeten Wörterbuchseiten.

R rangeln

rangeln* (raufen)
rangieren, sie rangierte
die **Ranke**, die Ranken
der **Ranzen**, die Ranzen
ranzig
der **Rappe**, die Rappen
   Ein fuchsrotes Pferd nennt man
   ‚Fuchs'. Ein rabenschwarzes
   hieß früher ‚Rabe'. Daraus wurde ‚Rappe'.
der **Raps**
rar, die Rarität
rasant
rasch
rascheln, es raschelte
rasen, sie raste
der **Rasen**, die Rasen
rasieren, er rasierte (12)
die **Rasse**, die Rassen
die **Rassel**, die Rasseln, rasseln
die **Rast**, die Rasten, rasten, die Raststätte
der **Rat**, die Ratschläge, raten,
   ich rate dir, sie riet → Vorrat
   zu Rate ziehen
   mit Rat und Tat
   Im Rathaus beraten die Mitglieder des Stadt- oder Gemeinderates; ein guter Rat: Rat suchen
die **Rate**, die Raten, die Ratenzahlung
raten, er rät, er riet
das **Rätsel**, die Rätsel, raten, rätselhaft
   vor einem Rätsel stehen
die **Ratte**, die Ratten
rattern, er ratterte
der **Ratz*** (Ratte)
der **Raub**, das Raubtier
rauben, sie raubte
der **Räuber**, die Räuber, der Räuberhauptmann

S schwül

schwül, die Schwüle
der **Schwung**, die Schwünge
der **Schwur**, die Schwüre
sechs, sechsmal, ein Sechstel   vgl. acht
sechzehn, **sechzig**
der **See** (im Land), die Seen
die **See** (das Meer), seekrank
der **Seehund**, die Seehunde
die **Seele**, die Seelen
   aus tiefster Seele
   eine Seele von Mensch
   ein Herz und eine Seele
   mit Leib und Seele
   sich etwas von der Seele reden
   Unsere germanischen Vorfahren glaubten, die Seelen der Ungeborenen und Toten wohnten im Wasser. Darum steckt das Wort ‚See' in ‚Seele'.
das **Segel**, die Segel, segeln
segnen, er segnete, der Segen
sehen (1), du siehst, sie sah, gesehen, sieh!, sehenswert, die Sehenswürdigkeit, aber:
   → sie
   das sieht dir ähnlich!
   siehst du wohl!
   sich nicht satt sehen können
   ihr vergeht Hören und Sehen
   sehenden Auges
   etwas durch eine rosa Brille sehen
die **Sehne**, die Sehnen, sehnig
sich sehnen, er sehnte sich, die Sehnsucht, sehnsüchtig
sehr, sehr gut
seicht
ihr **seid**, aber: → seit gestern
die **Seide**, die Seiden, ein seide-

Sil – ben – tren – nung

1. Wenn du beim Schreiben an den Heftrand kommst und das angefangene Wort nicht mehr in die Zeile passt, gibt es drei Möglichkeiten:

   An einem sonnigen Tag wollten wir Kartoffeln braten.

   An einem sonnigen Tag wollten wir Kartoffeln braten.

   An einem sonnigen Tag wollten wir Kartof-feln braten.

   Welche wählst du meistens?
   Warum?

   > Wörter werden meist nach Sprechsilben getrennt.

2. Nur **mehrsilbige** Wörter lassen sich trennen.
   Die Silben ergeben sich von selbst, wenn du das Wort langsam sprichst:

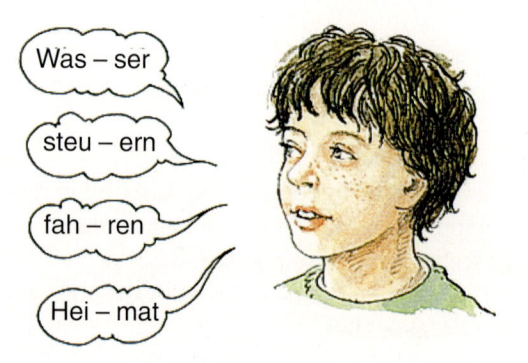

   Was – ser
   steu – ern
   fah – ren
   Hei – mat

   Wie viele Silben haben die folgenden Wörter?

   | malen | Eimer | Eule | Erlebnis |
   | hörst | tun | Pflicht | Geschirrspüler |

Silbentrennung 95

3 Trenne nach Sprechsilben:

Achtung	dunkle	Knospen
fröhlich	musste	Schnupfen
Schonung	Teppich	enttäuscht
billig	schimpfen	
Haustür	abholen	
Katze	schütten	
andere		
nehmen		

Wenn du unsicher bist, vermeide die Trennung oder schlage im Wörterbuch nach.

Trennung von *ck* und *st*

Wenn du in einem neuen Wörterbuch nachschlägst, findest du u. a. folgende Trennungen:

Fens/ter   meis/tens   bers/ten
ba/cken   wi/ckeln   schme/cken

4 Versuche eine Regel für die Trennung von Wörtern mit **ck** und **st** abzuleiten.

5 Schreibe die folgenden Wörter in dein Heft und trenne sie der Regel entsprechend:

Pfingsten	Kasten	Schnecke	Wecker
pusten	Bäcker	flüstern	Glocke

6 Trenne auch die folgenden Wörter:

rasten	festlich	Westen	restlos
Rastplatz	befestigt	westlich	Reste
Rücken	drücken	trocken	Guckloch
rückwärts	drückend	abtrocknen	gucken

7 Wenn nötig, verbessere deine Regel aus Aufgabe 4.

96 Rechtschreibfehler berichtigen

Die Rechtschreibung eines Textes überprüfen

Zuerst alle Fehler anstreichen

Sascha hat eine Geschichte zu den Bildern auf Seite 6 geschrieben.
Feriet und Dzeni haben die Rechtschreibung kontrolliert und alle Fehlerstellen unkenntlich gemacht.

TIPP 05	Koffer-Jimmy kam aus dem Gef■ngnis. Er ging zum
TIPP 06	Bahnhof, weil er da ganz besti■t etwas anstellen konnte.

TIPP 06	Er sagte: „Ich habe eine intere■ante Zeitung für Sie.
TIPP 08, 07	Sie ist von heute ■orgen. Wollen Sie sie lesen?" „Das ist
TIPP 04, 01	sehr freun■lich", lächelte Harald Handlich. Während
TIPP 06	er die Zeitung las, gri■ Jimmy sich den Koffer und
TIPP 06	ra■te davon. Harald Handlich wollte dem Mann die
TIPP 02	Zeitung wiedergeben, weil er schon ferti■ war mit dem
TIPP 03	■esen. Als er bemerkte, dass der Koffer weg war, bekam
TIPP 03	er einen großen ■chrecken.

TIPP 06, 07, 08	„Was hatte er de■ an?" „Eine rote Mütze■ ein gestr■ftes
TIPP 04, 03,	Hem■ und eine blaue ■ose. An die Schuhe kann ich mich
TIPP 06	nicht eri■ern."

1. Berichtige die Fehler, die Sascha in seiner Geschichte gemacht hat.
   Die Tipps am Rand helfen dabei.
   Was sie bedeuten, steht auf der nächsten Seite.

(Schlüsselteil)

8 Tipps die Rechtschreibung zu verbessern

TIPP 01
Flüchtigkeitsfehler vermeiden

Hast du Buchstaben oder ganze Wörter vergessen?
Fehlen **i**-Punkte oder **ä**-, **ö**-, **ü**- Striche?
Sind Buchstaben zuviel oder vertauscht?

TIPP 02
Auf Wortbausteine achten

Wer sich die wichtigsten Wortbausteine merkt, macht weniger Fehler. Sie werden nämlich in jeder Umgebung gleich geschrieben.

Vor-/vor-
-fahr-
-ig
-lich

TIPP 03
Nomen erkennen

Dabei helfen dir
– ihre Begleiter (z.B. Artikel, Possessivpronomen, Mengenwörter);
– Nachsilben wie **-ung**, **-heit**, **-keit**, **-nis**, **-schaft**.
Achtung: Manchmal werden auch Verben und Adjektive zu Nomen!

der **D**iebstahl
meine **A**dresse
viel **G**eld
beim (bei dem) **L**esen
etwas **S**chönes

TIPP 04
Wörter verlängern

b, **d**, **g** werden am Wort- und Silbenende meist wie **p**, **t**, **k** gesprochen. Verlängere das schwierige Wort oder suche ein verwandtes, dann hörst du den weichen Konsonanten.

Hem✱ – Hem**d**en
bege✱nen – ge**g**en
bemer✱te – bemer**k**en

TIPP 05
ä von **a**,
äu von **au**

Wenn du zu deinem schwierigen Wort ein verwandtes mit **a** oder **au** findest, schreibe es mit **ä** bzw. **äu**.

w✱re – w**a**r → w**ä**re
bl✱ttern – Bl**a**tt → bl**ä**ttern
l✱ten – l**au**t → l**äu**ten

TIPP 06
Achtung: doppelte Konsonanten

Nach einem kurzen Vokal steht oft ein doppelter Konsonant. Du kannst auch das schwierige Wort (seine Grundform) in Sprechsilben zerlegen. Dann hörst du beide Konsonanten.

k**o**mmen – **aber**: k**a**m
gestellt – stel-len
ich hoffte – hof-fen

TIPP 07
Satzzeichen überprüfen

Hast du kein Satzschlusszeichen vergessen?
Ist die wörtliche Rede überall gekennzeichnet?
Hast du bei Aufzählungen und bei der Anrede kein Komma vergessen?

„Jimmy**,**
bleib stehn**!**"**,**
rief ich**.**

TIPP 08
Im Wörterbuch nachschlagen

Wörter, bei denen du dir gar keinen Rat weißt, markiere. Schlage sie nach.

Tipps und Tricks zum Üben

Auch Üben will gelernt sein. Wenn du deine Fehlerschwerpunkte kennst, findest du hier Hinweise, wie du üben kannst.

Mit Wortlisten üben

Überall im Buch findest du auf der Randleiste Wortlisten mit wichtigen Übungswörtern.

Und so kannst du sie üben:
– die Wortlisten abschreiben (lies dazu S. 90)
– ein Partnerdiktat damit schreiben (lies S. 91)
– verwandte Wörter suchen (**drücken – ausdrücklich**)
– Zusammensetzungen bilden
– mit mehreren Wörtern einen Satz bilden

1 Übe erst Wortliste 1, dann Wortliste 2.
Entscheide dich für eine oder mehrere Übungsformen.

2 Wörter, die alle dieselbe Besonderheit haben, kannst du selbst zu einer Wortliste zusammenstellen und üben; z.B. Wörter mit **oo** oder mit **ai**.

3 Setze die **ai**-Wörter (Wortliste 3) mit den folgenden Nomen zusammen:
Spiel   Fisch   Glöckchen   Haus
Instrument   Krone   Kolben
Schreibe so: *der Laie – das Laienspiel*

4 Schreibe die **ai**-Wörter zu diesen Erklärungen:

Raubfisch:
Getreide:
Teil der Gitarre:
Herrscher:
Kind ohne Eltern:
kein Fachmann:
Monat:

Kannst du noch X, x, Y, y, Qu, qu, J, j, Z, z in Schreibschrift?

1
qu
Quelle
Quark
quer
bequem
Qualität

2
chs
sechs
Fuchs
Büchse
wech-
seln
Achse

3
der Mai
der Mais
der Hai
der Kaiser
die Saite
die Waise
der Laie

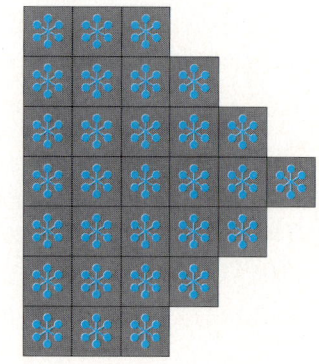

Auf Wortbausteine achten

Wortfamilien

	rat	en	
be	rat	en	
er	rat	en	
ver	rat	en	
Be	rat	ung	
Be	rat	er	
Ver	rat		
Vor	rat		
vor	rät	ig	
	Rat		
	Rät	sel	
Ver	rät	er	
Ver	rat		
	rät	st	

	recht		
auf	recht		
ge	recht		
Ge	recht	ig	keit
be	recht	ig	t
	recht	s	
	Recht		
	richt	ig	
be	richt	en	
Be	richt	ig	ung
be	richt	ig	en
	richt	en	
Ge	richt		
	Richt	er	

> Wörter mit gleichem Wortstamm bilden eine **Wortfamilie.** Sie sind verwandt.

> Der **Wortstamm** (= Grundbaustein) wird in allen verwandten Wörtern gleich oder ähnlich geschrieben.

1 Die meisten Wörter sind aus mehreren Bausteinen zusammengesetzt. Die Wortbausteine lassen sich in verschiedene Arten einteilen. Welche kannst du bei den Wortfamilien **raten** und **recht** erkennen? Nenne Beispiele.

2 Schreibe die Wörter der **Wortfamilie raten** und **recht** ab. Kennst du ihre verschiedenen Bedeutungen?

3 Setze richtig zusammen:

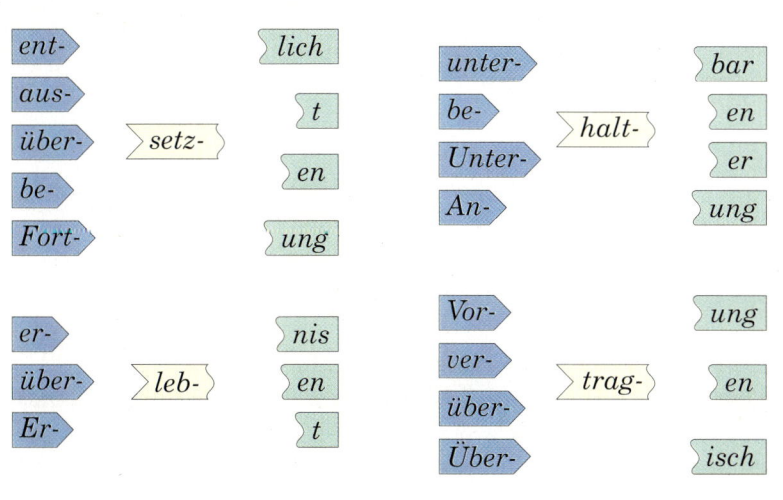

ent-		lich
aus-		t
über-	setz-	en
be-		
Fort-		ung

unter-		bar
be-		en
Unter-	halt-	er
An-		ung

er-		nis
über-	leb-	en
Er-		t

Vor-		ung
ver-	trag-	en
über-		
Über-		isch

(Schlüsselteil)

Nachsilben

Nomen an ihren Nachsilben erkennen

1 Überschriften und Schlagzeilen aus Zeitungen und Zeitschriften:

HOFFNUNG IN DER GEMEINSCHAFT

Alles in Ordnung?

Ein öffentliches Ereignis

Preis der Freiheit? Natur und Landschaft

Mehr Möglichkeiten

Veranstaltungen der Volkshochschule

Grippemittel mindern Fahrtüchtigkeit

Anlagen für Müllverbrennung

Mehr Mut zum Wagnis

Gesundheit kann man lernen

Warnung in den Wind geschlagen

Reise in die Vergangenheit

Trunkenheit auf dem Fahrrad

Die Gesellschaft braucht das Kind

(Schlüsselteil)

> Alle Wörter mit den Nachsilben
> -ung
> -heit
> -keit
> -nis
> -schaft
> sind Nomen.
> Schreibe sie groß.

In den Überschriften findest du Nomen mit den Nachsilben

▸-heit   ▸-keit   ▸-ung   ▸-nis   ▸-schaft

a) Ordne die Nomen nach diesen Nachsilben.

b) Schreibe zu jedem Nomen ein verwandtes Verb oder Adjektiv.
Wenn du die Nomen-Endung abhängst, ist es meist nicht allzu schwer:
Hoffnung – hoffen

c) Schneide ähnliche Überschriften aus Zeitungen aus.
Klebe sie ins Heft. Übe damit wie bei a und b.

Nachsilben 101

2 Durch Nachsilben entstehen neue Nomen:

⟩-heit ⟩-keit ⟩-ung ⟩-nis ⟩-schaft

mehr	wachsam	enden	versichern	eigen
sparsam	dankbar	finster	verfolgen	entdecken
aufmerksam	dunkel	erlauben	ersparen	hindern
gesund	menschlich	führen	wagen	ereignen
trocken	ehrlich	lösen	bekannt	bereit
zufrieden	frei			

(Schlüsselteil)

✎ Bilde Nomen: *mehr – die Mehrheit, enden – die Endung ...*

3 Nomen im Plural
✎ Bilde aus diesen Verben Nomen und setze sie in den Plural.

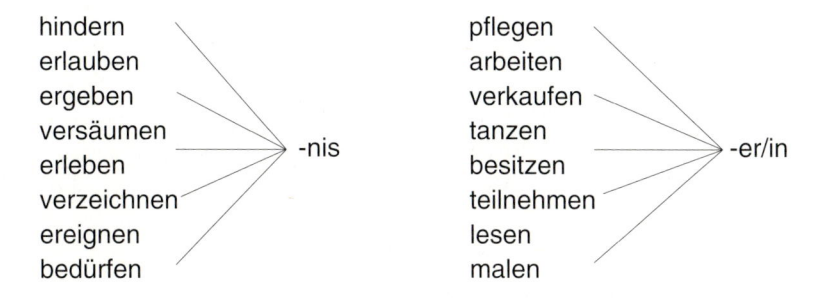

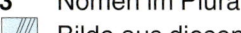

hindern, erlauben, ergeben, versäumen, erleben, verzeichnen, ereignen, bedürfen → -nis

pflegen, arbeiten, verkaufen, tanzen, besitzen, teilnehmen, lesen, malen → -er/in

Im Plural wird **-in** zu **-innen**
und
-nis zu **-nisse**.

4 Nomen mit **-as**, **-is** und **-us**

Statt **Atlasse** kannst du auch **Atlanten** sagen und statt **Globusse** **Globen**.

✎ Im Plural (Mehrzahl) werden sie mit **ss** geschrieben: *Bus – Busse.*
Verwende sie in Sätzen.

(Schlüsselteil)

Nachsilben

Adjektive an Nachsilben erkennen

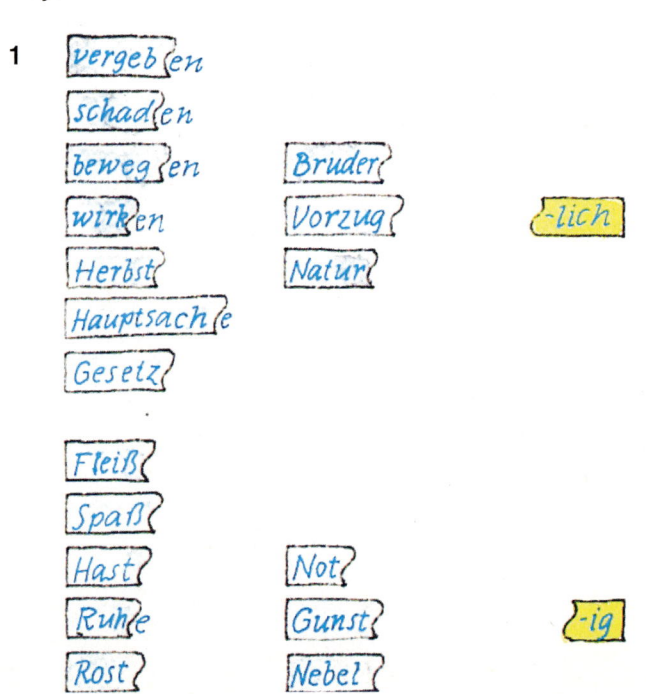

1   vergeb|en
    schad|en
    beweg|en   Bruder
    wirk|en   Vorzug   -lich
    Herbst   Natur
    Hauptsach|e
    Gesetz

    Fleiß
    Spaß
    Hast   Not
    Ruh|e   Gunst   -ig
    Rost   Nebel

    (Schlüsselteil)

> Aufpassen! Adjektive werden kleingeschrieben.

✎ Bilde Adjektive.
Wenn du unsicher bist, wie die Nachsilbe bei einem Wort geschrieben wird, verlängere sie: herz❉ – ein herz**lich**er Empfang
                                                                                           dunst❉ – ein dunst**ig**er Morgen

2   halt|en
    schein|en
    Furcht   -bar
    Sicht
    Wunder

    streb|en
    duld|en
    bieg|en   -sam
    aufmerk|en
    spar|en

> Obwohl ich dem Unterricht aufmerk**sam** gefolgt bin, machen mir die Wörter mit **-bar** und **-sam** furcht**bare** Mühe.

✎ Diese Adjektive werden seltener benutzt.
Versuche mit ihnen eine Geschichte zu schreiben.

Vorsilben werden immer gleich geschrieben

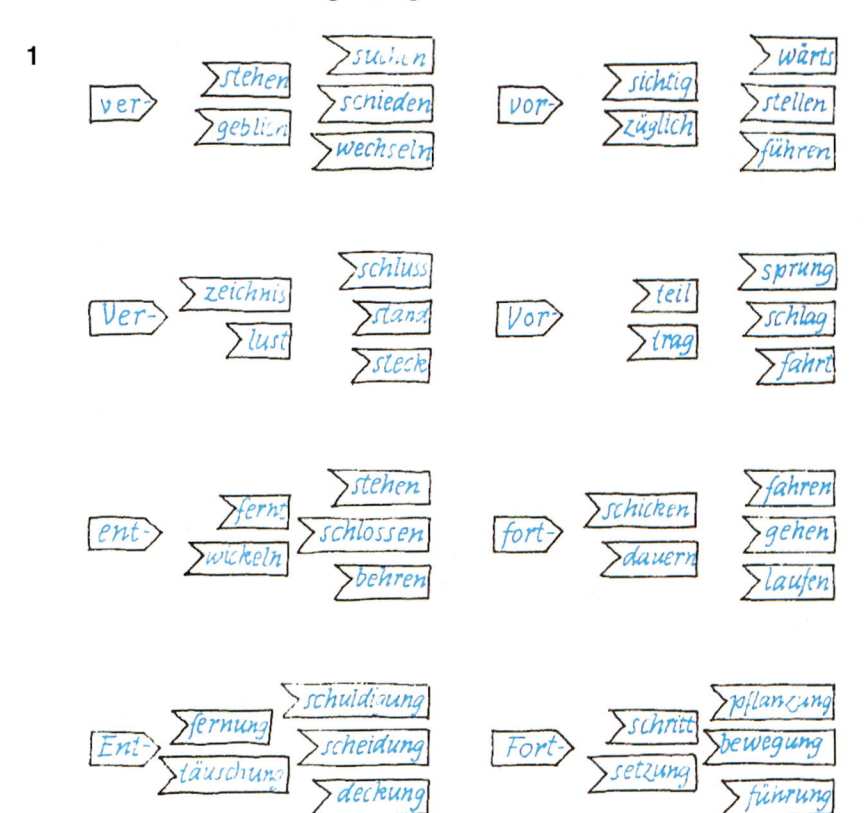

1

ver → stehen, suchen, schieden, geblieben, wechseln

vor → sichtig, wärts, züglich, stellen, führen

Ver- → zeichnis, schluss, lust, stand, steck

Vor- → teil, sprung, trag, schlag, fahrt

ent- → fern, stehen, wickeln, schlossen, behren

fort- → schicken, fahren, dauern, gehen, laufen

Ent- → fernung, schuldigung, täuschung, scheidung, deckung

Fort- → schritt, pflanzung, setzung, bewegung, führung

Vorsicht bei der Groß- und Kleinschreibung!

✏️ Setze zusammen: *ver + stehen = verstehen, ...*

2 Suche im Wörterbuch je fünf Wörter mit den Vorsilben
  um   auf   über   mit   unter
  Um   Auf   Über   Mit   Unter

---

umarmen, sie umarmte, die Umarmung
umbauen, der Umbau
umdrehen, die Umdrehung
umfallen
umfangen, der Umfang
Der Umfang eines Baumstammes ist das, was man umfangen (umfassen) kann.
umgeben, die Umgebung
umhängen, der Umhang
umher
umkehren, er kehrte um, die Umkehr, die Umkehrung, umgekehrt
umkippen

umkommen
der **Umlaut,** die Umlaute
umleiten, die Umleitung
der **Umriss,** die Umrisse
der **Umschlag,** die Umschläge
die **Umschulung,** umschulen
umsiedeln, er siedelte um, der Umsiedler
umso besser!
umsonst
der **Umstand,** die Umstände, umständlich
unter keinen Umständen!
machen Sie keine Umstände!
umsteigen

Wörter verlängern: b, d, g – p, t, k

Am Wort- und Silbenende hören sich **b**, **d** und **g** oft an wie **p**, **t** und **k**:
Betrie**b**, belu**d**, klu**g**.
Wenn du das schwierige Wort verlängerst oder ein verwandtes Wort suchst, kannst du die richtige Schreibweise finden.

1 Bilde den Plural (die Mehrzahl):
  Her❋   Pfer❋   Bar❋
  Gegen❋   Schmie❋   Gebie❋
  Zwei❋   Krie❋   Bezir❋
  Maßsta❋   Kor❋   Schran❋

  der Her❋ – die Herde → der Herd
  der Bar❋ – die Bärte → der Bart (Schlüsselteil)

2 Bei Verbformen bilde den Infinitiv (die Grundform):
  la❋   entschie❋   ba❋
  empfan❋   betrü❋t   tran❋
  belu❋   stie❋   gal❋
  grä❋t   schie❋st   tra❋

  ich la❋ – liegen → ich lag
  ich ba❋ – bieten → ich bat (Schlüsselteil)

3 Ergänze ein passendes Nomen:
  elen❋   wun❋   bun❋
  spannen❋   frem❋   lau❋
  schrä❋   klu❋   star❋
  trü❋   tau❋   blan❋

  elen❋ – das elende Gefühl → elend
  bun❋ – bunte Farben → bunt (Schlüsselteil)

4 Suche ein verwandtes Wort:
  Ge❋ner   Schu❋karre
  Stau❋sauger   Zwei❋stelle
  Betrie❋sausflug   Verban❋skasten
  erfol❋los   Schla❋sahne

  Ge❋ner – gegen → Gegner (Schlüsselteil)

5 Die durstige Krähe
Eine durstige Krähe fand einen Wasserkrug. Doch es war nur so wenig Wasser darin, dass sie es mit ihrem Schnabel nicht erreichen konnte. Sie versuchte den Krug schräg zu stellen, aber vergeblich. Niemand war in der Gegend, der ihr einen Rat oder Hilfe anbieten konnte.
Da suchte sie nach einer List, unter welchen Umständen sie dennoch aus dem Krug trinken könnte. Zuletzt nahm sie kleine Steinchen und warf so viele in den Krug, dass das Wasser immer höher emporstieg, bis sie es endlich erreichen und ihren Durst löschen konnte.

Verwandte Wörter suchen: *ä* kommt von *a*, *äu* kommt von *au*

Warum wird Wände eigentlich mit ä geschrieben?

Weil Wände von Wand kommt.

1 Im Singular (in der Einzahl) werden hier **ä** zu **a** und **äu** zu **au**:

die Zwänge	die Ämter	die Mängel
die Ställe	die Vorschläge	die Verbände
die Kämpfe	die Plätze	die Pläne
die Häute	die Gebräuche	die Sträuße
die Häupter	die Sträucher	die Kräuter
die Läden	die Äste	die Kästen
die Mäntel	die Kräfte	die Fächer
die Bänke	die Drähte	die Nägel

die Zwänge – der Zwang

2 Suche zu den **ä**-Wörtern der Wortliste 1 und den **äu**-Wörtern der Wortliste 2 verwandte **a**- und **au**-Wörter:

ungefähr – fahren
häufig – Haufen   (Schlüsselteil)

3 Ergänze die fehlenden Wortstämme. Die Wortliste 3 hilft dir dabei.

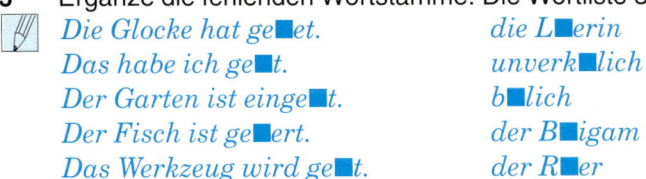

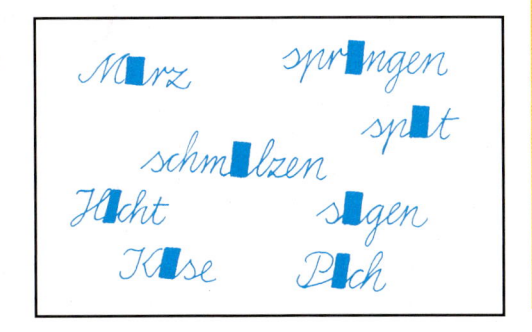

Die Glocke hat ge▪et.   *die L▪erin*
Das habe ich ge▪t.   *unverk▪lich*
Der Garten ist einge▪t.   *b▪lich*
Der Fisch ist ge▪ert.   *der B▪igam*
Das Werkzeug wird ge▪t.   *der R▪er*   (Schlüsselteil)

4 Mit **ä** oder **e**?
Schlage im Wörterbuch nach:

M▪rz   spr▪ngen
schm▪lzen   sp▪t
H▪cht   s▪gen
K▪se   P▪ch

1
ungefähr
quälen
nämlich
tatsächlich
längst
gegenwärtig
Gedächtnis
Rätsel
Fläche
Gespräch

2
häufig
läuten
vorläufig
äußerlich
Säure
täuschen
gebräuchlich
einräumen
zerstäuben
Geräusch

3
laut
Traum
Zaun
Rauch
sauber

laufen
verkaufen
Bauer
Braut
rauben

Kupfer
Schnupfen
Karpfen
schimpfen
hüpfen
rupfen

Und wie viel Wörter gibt's mit **Y**?

An Fehlerschwerpunkten üben

Wörter mit pf

1. Suche Wörter, die mit **pf/Pf** beginnen.
   Schreibe sie mit den Wörtern auf dem Rand in eine Wortliste und übe sie; z. B.:
   – Suche verwandte Wörter: *pflücken – gepflückt*
   – Bilde zusammengesetzte Nomen: *Pfeffer – Pfeffermühle*
   – Schreibe Reimwörter: *Knopf   stopfen   Strumpf*

   K■   Tr■   S■
   T■   kl■   st■

Wörter mit x

2. ein Werkzeug:
   anderes Wort für „Mietauto":
   Viele Wörter bilden einen ...:
   Faustkämpfer:
   Arbeitsraum von Arzt/Ärztin: 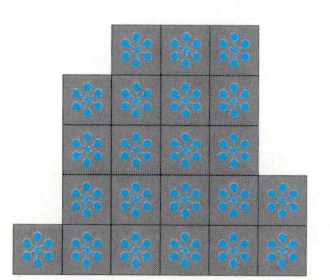

   (Schlüsselteil)

3. Gibt es ein Wort mit **X** am Anfang?

Wörter mit v

4. der elfte Monat:
   Gegenteil von **wenig**:
   Frühlingsblume:
   letzter Tag des Jahres:
   Verwandter:
   Biegung einer Straße:
   Beifallsruf:
   Gefäß für Blumen:
   Teil eines Ganzen:
   große Menschengruppe mit gleicher Sprache, Kultur: 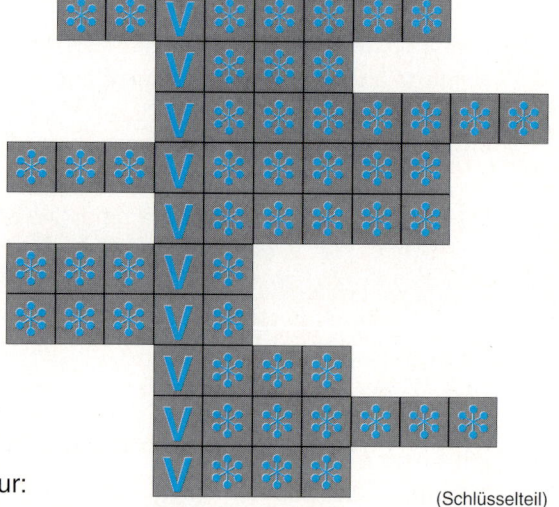

   (Schlüsselteil)

5. Wie viele Wörter kannst du mit **voll** zusammensetzen?

   Voll — end
   wert- — ständ — er
   liebe- — voll — macht — en
   sinn- — zähl — ig
   völl — treff — ung

Wörter mit *ie*

1. Wortliste 1, 2, 3 und 4:
   Lies die Wortliste laut vor. Höre dabei auf das lange **i**.
   Das lang gesprochene **i** wird in diesen Fällen **ie** geschrieben.
   Schreibe die Wörter ab.

2. Schreibe Reimwörter:

Ziel	Abschied	Gier	riechen	verlieren
St■	Schm■	Z■	kr■	fr■
Brief	Riegel	Miene	wiegen	schieben
sch■	Sp■	B■	l■	s■
Zwiebel	siegen	Miete	Liebe	Sieb
G■	b■	N■	H■	D■

3. So kannst du üben:
   a) Wortliste 1: Suche das jeweils passende Verb.
   b) Wortliste 2: Suche passende Adjektive mit **-ig** oder **-lich**.
   c) Wortliste 3: Suche zusammengesetzte Nomen.

4. Wortfamilien

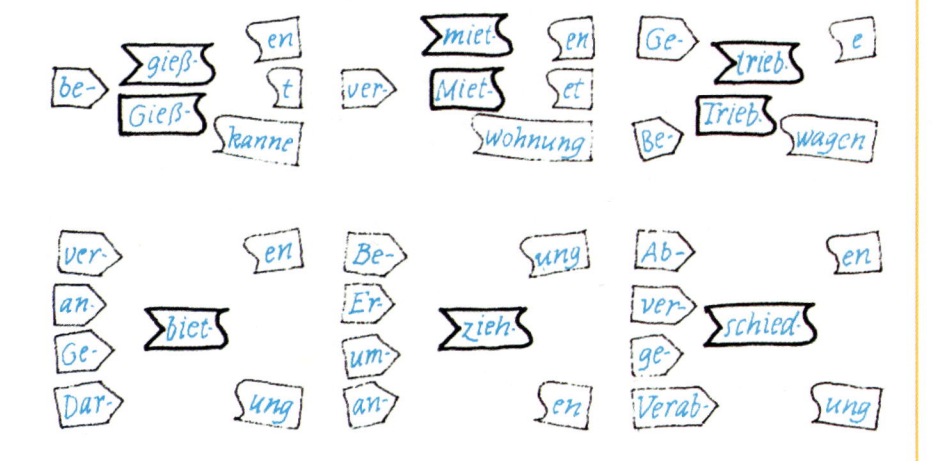

   a) Baue die Wörter zusammen.
   b) Wer findet noch mehr verwandte Wörter?

5. Wortliste 4:

Infinitiv	Präteritum	Perfekt
riechen	ich roch	ich habe gerochen
...	...	...

   Vervollständige die Tabelle. (Schlüsselteil)

1
Ziel
Flieger
Schmied
Lieferung
Miete

2
Zier
Unterschied
Neugier
Schwierigkeit
Fieber
Frieden

3
Zwiebel
Stiel
Betrieb
Dienst
Schiene

4
riechen
kriechen
frieren
verbieten
verlieren
biegen
wiegen

Wörter mit *ieh*

1 Wenn du die folgenden Wörter deutlich sprichst oder nach Sprechsilben trennst, kannst du das **h** hören:

    zie-**h**en
    erzie-**h**en
    flie-**h**en

In allen Personalformen des Präsens bleibt das **h** erhalten, auch wenn du es nicht mehr hörst, z.B.:
    Es zieht.

Verbinde die Verben mit den Personalpronomen **ich, du, er/sie/es, wir, ihr, sie** und schreibe sie auf.

2 Die Schreibweise der folgenden Wörter musst du dir merken:

gesch**ieh**t: geschehen – geschah – geschehen
gel**ieh**en: leihen – leiht – lieh – geliehen
s**ieh**t: sehen – sah – gesehen

Bilde Sätze mit diesen Verbformen.

3

Schreibe zusammengesetzte Wörter mit **-vieh/Vieh-** und male sie.

Doppelte Konsonanten

1 Wortliste 1 und 2

   a) Lies die Wörter laut vor.
      Trenne sie dabei deutlich nach Sprechsilben.
      Dabei kannst du den doppelten Konsonanten hören.

   b) Ordne die Wörter in einer Liste nach
      ff – ll – mm – rr – tt – nn – ss – pp.

   c) Suche weitere Wörter mit diesen Doppelkonsonanten und ergänze
      deine Liste.
      Wenn du unsicher bist, schlage im Wörterbuch nach!

1
klappern
schaffen
flattern
zittern
schütten
nennen
schütteln
brüllen

2 Wortliste 1:

   a) Welche Wörter passen hier hinein?

   b) Ordne auch die Wörter ein, die du selbst gefunden hast.
      Wenn kein passendes Bild dabei ist, kannst du selbst eins zeichnen.
      Ihr könnt auch ein Partner- oder Gruppenrätsel daraus machen.

2
Talsperre
Erinnerung
Verbesserung
Stimmung
Gejammer
Kasse

3 Wenn im Infinitiv (der Grundform) ein Doppelkonsonant steht, bleibt er auch in allen anderen Formen erhalten:

                kennen

ich	ke**nn**e	wir	ke**nn**en
du	ke**nn**st	ihr	ke**nn**t
er/sie/es	ke**nn**t	sie	ke**nn**en

Übe genauso mit allen Verben der Wortliste 1.

Fehler-
schwerpunkte **109**

3
Irrtum
Versammlung
Hoffnung
Gestell
Geknurr
Gebrüll
Kamm

4
Stoff
Schiff
Metall
Schwamm
Stamm
Gewinn
Stall
Unfall
Fell

*Diesen Mann musst du dir merken: der Ke**ll**ner*

4 Wortliste 2 (Seite 109)
In den Nomen stecken Verben:
Talsperre – sperren, …

5 Ob am Silbenende oder am Wortende ein doppelter Konsonant steht, findest du heraus, wenn du das Wort verlängerst oder verwandte Wörter suchst, z. B.:

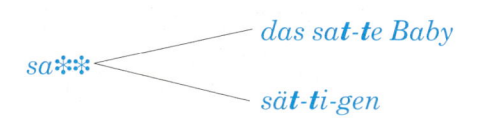

sa❋❋ ─── *das sa**t**-**t**e Baby*
   ─── *sä**t**-**t**i-gen*

*übera❋❋ – a**l**-les*

a) Übe genauso:
   ma❋❋   *das Geschi❋❋*
   gla❋❋   *das Ri❋❋*

b) Achtung:
   der Ri❋❋   – er ist ge-ri**t**-**t**en – **aber:** reiten
   der Pfi❋❋ – sie hat ge-pfi**f**-**f**en – **aber:** pfeifen
   der Gri❋❋ – …
Findest du weitere Beispiele?

6 Wortliste 3
Suche passende Verben:
der Irrtum – irren   (Schlüsselteil)

7 Wortliste 4

a) Setze in den Plural:
   *der Stoff – die Sto**f**-fe*
   Jetzt hörst du den doppelten Konsonanten.

b) Zu welchen Nomen findest du passende Verben?

Fehler-schwerpunkte **111**

8 Konsonanten-Rätsel (Wortliste 1)
Schreibe die Nomen zu ihren Bedeutungen.

ein altes Stück Stoff:
ein pflanzliches Nahrungsmittel:
Erkältungskrankheit mit hohem Fieber:
das kleinste deutsche Geldstück:
Geistlicher einer christlichen Kirche:
ein Medikament:

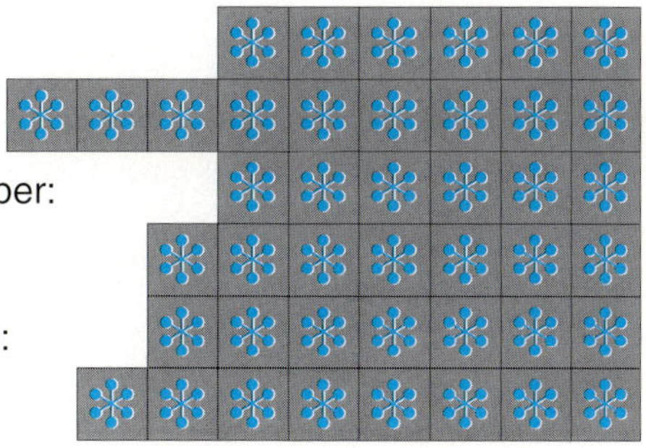

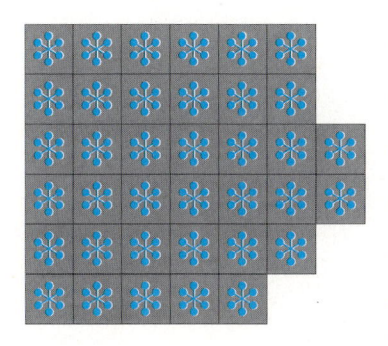

sie entsteht bei der Verbrennung
damit isst du z. B. Suppe
er ist in Restaurants beschäftigt
ein Fisch
Zahl zum Kennzeichnen
sie ist von Anfang und Ende gleich weit entfernt

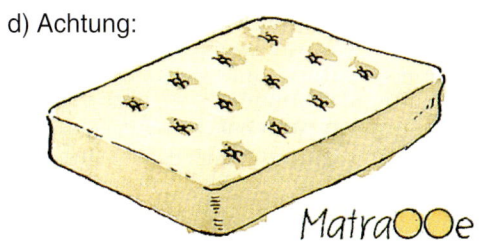

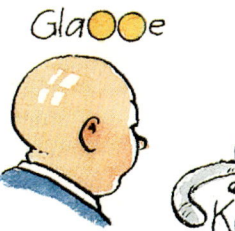

1
Lappen
Mitte
Forelle
Pfennig
Pfarrer
Grippe
Tablette
Nummer
Löffel
Kellner
Kartoffel
Flamme

9 *ck* steht für *kk*
Wortliste 2

a) Setze in den Infinitiv (die Grundform): *geschmeckt – schmecken*
b) Trenne in Silben: *ge-schmeckt* **aber:** *schme-cken*
c) Aus Verben werden Nomen: *schmecken – der Geschmack*
d) Suche möglichst viele verwandte Wörter:
 geschmeckt – schmecken – Geschmack – geschmacklos …

2
geschmeckt
schluckte
schmückst
knickt
packe
erschreckt
blickte
gebacken

10 *tz* steht für *zz*
Wortliste 3

a) Setze in den Infinitiv (die Grundform): *besitzt – besitzen*
b) Trenne die Infinitive in Silben: *be-sit-zen*
c) Suche verwandte Wörter:
 besitzt – besitzen – Besitzer – Hausbesitz …
d) Achtung:

Matra○○e   Gla○○e   Ka○○e

3
besitzt
geschützt
blitzte
putze
platzte
beschmutzte
spritzte
gespitzt

11 Zum Schluss noch ein paar Übungen.

a) Rätsel

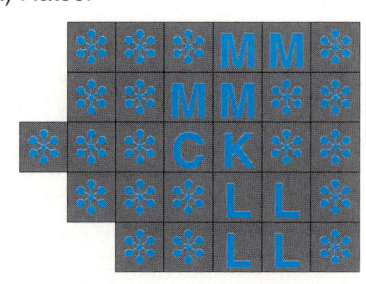

MM — Feuerzunge
MM — kleiner Raum, Stube
CK — schmutzig
LL — Doppelglas für die Augen
LL — Tablette

Gefäß mit Henkel (Krug): NN
flaches Kochgerät zum Braten: NN
Fußbodenbelag: PP
kurze Strümpfe: CK
lose, wackelig: CK

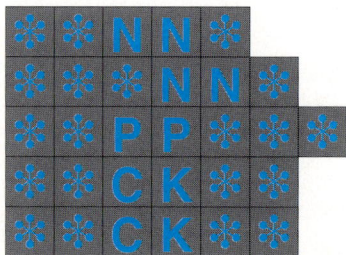

(Schlüsselteil)

Wer findet die meisten Verwandten zu diesen Wörtern mit doppelten Konsonanten?

b) Eine Affenschande

„Und schafft mir bloß den Abwasch weg!
Das ganze Geschirr und auch das Besteck."
„Herr Wärter, das werden wir schon schaffen!",
brüllten ohne jedes Gejammer drei Affen.
Was für ein Irrtum: Nach dem Essen waren sie matt,
von Kartoffeln und Kokosnüssen völlig satt
und sie schütteten mit Gebrüll
das ganze Geschirr auf den Müll.
Dann warfen sie Löffel, Messer und Gabeln hinterher.
„Herr Wärter! Abwasch ist doch gar nicht so schwer."

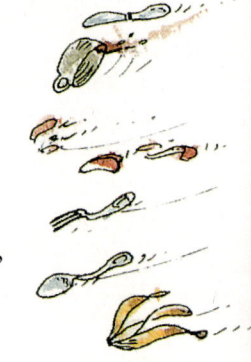

Schreibe aus dem Gedicht alle Wörter mit Doppelkonsonanten heraus; auch das Wort mit **ck**.

c) Ergänze:

bestimmen	– *bestimmt*	Mitte	– der ▪lpunkt
Zoll	– ver▪en	irren	– der ▪tum
alles	– ▪gemein	versammeln	– die Ver▪ung
rollen	– der ▪er	erschrecken	– ▪lich
blicken	– augen▪lich	wecken	– der ▪er
beschmutzen	– ▪ig	backen	– das Ge▪

(Schlüsselteil)

Wörter mit ß und ss

Willi Weseloh passte auf, dass sich die kleine Hexe richtig wusch. Nachher saß sie gestriegelt im Lehnsessel und biss in ein Marmeladenbrot. „Iss nicht so hastig!", sagte Willi Weseloh. Nun wusste ich es: Die kleine Hexe hieß Emma Manuela Priebe. Sie wohnte in unserer Nachbarschaft. Dann passierte etwas Unerwartetes. Emma zog ein Kaninchen aus ihrer Rocktasche. Sie stieß hervor: „Das ist dein Vater." Ich ließ mir meinen Schreck nicht anmerken. Macht sie nur Spaß oder war es ernst? Willi Weseloh rief: „Lass das Kaninchen los!" Zum Schluss rannte sie ohne Gruß aus dem Zimmer.

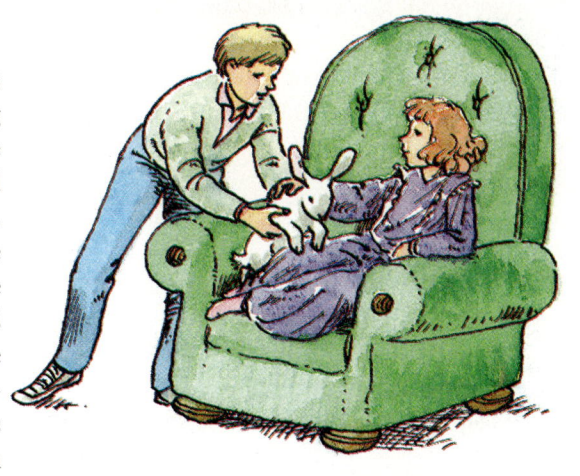

← S. 17 ff.

1 a) Schreibe den Text ab. Unterstreiche die Wörter mit **ß** und **ss**.
b) Lies die Wörter mit **ss** und **ß** laut vor. Ordne sie nach kurzem oder langem Vokal vor **ss** oder **ß**

kurzer Vokal	langer Vokal
passte auf	*saß*
...	...

(Schlüsselteil)

2 Wortliste **1**

	-ss		-sst
den Bus	*verpassen*	–	*Ihr verpasst den Bus.*
pünktlich kommen	...	–	...
ein Gedicht	...	–	...
das Unrecht	...	–	...
sich vor Freude	...	–	...
Orangen	...	–	...

Übertrage die Tabelle in dein Heft und vervollständige sie.

3 Trage die Wörter aus Wortliste 2 in deine Tabelle ein und bilde die Mehrzahl

-ss		-ss-
das Fass	–	*die Fässer*
...	–	...

1
verpassen
müssen
verfassen
hassen
küssen
auspressen

2
Fass
Fluss
Pass
Schuss
Nuss
Riss
Schloss
Kuss

3
Lass das!
du isst
zusammen-
gefasst
Aufgepasst!

4
vergesslich
gewiss
Messgerät
hässlich
Pressluft

Ist doch klar:
Nach kurzem Vokal:
ss,
nach langem Vokal
oder nach ei, eu, au:
ß.

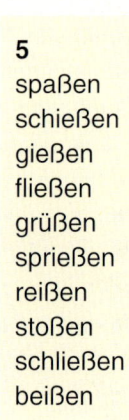

5
spaßen
schießen
gießen
fließen
grüßen
sprießen
reißen
stoßen
schließen
beißen

4 Ordne die fünf Wortfamilien:

passieren	blass	nass	hassen	Presse
nasser	hässlich	passiert	Blässe	Nässe
pressen	Pass	verblassen	gehasst	Pressluft

(Schlüsselteil)

5 a) Wortliste 3
Bilde den Infinitiv (die Grundform) zu den Verbformen.
Lass das! – lassen (Schlüsselteil)

b) Wortliste 4
Suche die passenden Verben und schreibe sie im Infinitiv auf:
vergesslich – vergessen (Schlüsselteil)

6 Willi W. pa*te auf.
Sie sa* im Lehnse*el.
Die kleine Hexe hie* Emma.
Sie sagte: „La* das Kaninchen los!"
Jan wollte ihr den Spa* nicht verderben.

Überprüfe, ob der Vokal vor dem Sternchen lang oder kurz ist, und setze dann entweder **ss** oder **ß** in die Lücke ein. (Schlüsselteil)

7 Wortliste 5
Suche das passende Nomen zu den Verben.
Achte darauf, ob vor dem **s**-Laut ein langer oder kurzer Vokal steht, und entscheide danach, ob du **ss** oder **ß** schreiben musst.
schie-ßen – der Schuss (Schlüsselteil)

8 Schlage in einem neuen Wörterbuch nach, ob diese Wörter mit **s**, **ß** oder **ss** geschrieben werden.

| Prei* | flei*ig | Sü*igkeiten | Spie* |
| lo* | ha*tig | Ru*land | Ma*e |

(Schlüsselteil)

9 Partnerdiktat

Eine böse Bisswunde

Astor wandert mit seinem Herrn und dem kleinen Peter durch die Spielwiesen am Fluss. Hier kann er den Hund frei laufen lassen. Peter befreit ihn von der Fessel der Leine. Astor springt davon. Plötzlich taucht ein fremder Hund auf, so groß wie ein Kalb. Er stürzt wie ein Besessener auf den anderen zu. Sofort haben sich beide Hunde ineinander verbissen.

Wörter mit *h*

Hier hilft nur eins: Wortbilder einprägen!

Frühaufsteher mit Spätzündung

Heute früh kam Jan nur mit Mühe aus dem Bett: Eigentlich wollte er mit der Bahn zur Schule fahren, nahm aber das Fahrrad. Die kühle Luft tat ihm gut. Er fuhr durch den Stadtpark. Die anderen Menschen grinsten ihn fröhlich an. An einer Verkehrsampel lehnte er sich vor und erschrak: Er sah, dass er noch den Schlafanzug anhatte. Jan kehrte sofort um und fuhr schnell nach Hause um sich anzuziehen.

1 Schreibe den Text ab. Unterstreiche dabei alle Wörter mit **h**.

2 Wortliste 1, 2 und 3 (Seite 116)

 a) Lies die Wörter laut vor. Achte auf die lang klingenden Vokale vor dem **h**.

 b) Sortiere sie nach:

ah/äh	eh/eih	oh/öh	uh/üh
mahnen	...	...	...

 c) Wer findet noch mehr Wörter?

1
mahnen
gewöhnen
empfehlen
ausdehnen
erwähnen
berühren

2
wahr
ähnlich
ehrlich
gewöhnlich
mehr
fröhlich

3
Bühne
Weihnachten
Gebühr
Mahlzeit
Draht
Lohn

3 Wortliste 1 und 2
Bilde verwandte Wörter:

Verben	Nomen mit **-ung**	Adjektive	Nomen mit **-heit/-keit**
mahnen	*die Mahnung* ...	*wahr*	*die Wahrheit* ...

4 Wortliste 3
Setze die Wörter mit den folgenden zusammen:
Teilnehmer   Seilbahn   Freilicht
Mittag   Steuer   Baum

die Bühne – die Freilichtbühne

5
stehlen   – der Dieb■
wählen   – die Gemeinde■
verkehren – der Straßen■
lohnen   – der Stunden■
befehlen   – der Haft■

lehren   – der ■ling
führen   – der ■schein
mahlen   – die ■zeit
fahren   – das ■rad
bohren   – die ■maschine

Setze zusammen: *stehlen – der Diebstahl*

Zwei „Teekesselchen":
leeren und **lehren**
mahlen und **malen**

6 Wortliste 4

a) Trenne in Sprechsilben, dann hörst du das **h**:
   lei-hen

b) Das **h** bleibt in allen Formen des Verbs erhalten.
Vervollständige die Tabelle in deinem Heft:

Präsens (Gegenwartsform)	Präteritum (Vergangenheitsform)
ich leihe *du leihst* *er/sie/es ...* *wir ...* *ihr ...* *sie ...*	*ich lieh* *du liehst* *er/sie/es ...* *...*

c) Bilde Sätze.

4
leihen
verzeihen
fliehen
geschehen
ruhen
sehen
blühen
glühen

Zeitangaben

1 Am nächsten Morgen wachte ich erst sehr spät auf.

        ↳ Morgen: früh am Tag

Ich werde morgen endlich zum Zahnarzt gehen.

        ↳ morgen: am folgenden Tag

Manche Zeitangaben nennen eine Tageszeit: am nächsten Morgen; andere nennen einen Tag: morgen.

Sortiere die Wörter der Wortliste.

Tag	Tageszeit
morgen	*am Morgen*
...	...

> übermorgen
> der Morgen
> heute
> gegen Abend
> morgen
> in der Nacht
> vorgestern
> am Mittag
> gestern
> am Nachmittag
> dieser Vormittag

2 Wenn man eine genaue Zeitangabe machen will, muss man oft beides nennen, Tag und Tageszeit; auch hier schreibt man die Tageszeit groß: morgen Vormittag
            gestern Abend

Schreibe fünf Sätze über deine letzte Klassenfahrt mit zusammengesetzten Zeitangaben.

3 Wir sind HEUTE ABEND in der Jugendherberge Bad Münstereifel angekommen. Dort haben wir ein Zimmer für uns und werden hoffentlich HEUTE NACHT prächtig schlafen.
Als Vorbereitung auf die Eifeltour haben wir schon letzte Woche MORGENS oder MITTAGS halbtägige Fahrten an den Rhein und ins Bergische Land unternommen.
Das große Packen ging GESTERN NACHMITTAG los. Seit HEUTE sind wir nun endlich auf großer Fahrt.
AM FRÜHEN MORGEN, fast noch IN DER NACHT, radelten wir durch den Kottenforst. Die erste Rast wurde GEGEN MITTAG am Weiher der Burg Ringsheim gemacht. An der Steinbachtalsperre vorbei ging es AM NACHMITTAG hinein in die Nordeifel. Bad Münstereifel werden wir MORGEN FRÜH in Richtung Urfttal verlassen. Hoffentlich sind wir schon NACHMITTAGS in der Jugendherberge Hellenthal. Dann können wir noch VOR DEM ABEND den Wildvogelpark besuchen.

> Tagesangaben schreibt man klein:
> **morgen, gestern**
> Tageszeiten schreibt man groß:
> **am Morgen**
> **gestern Abend,**
> es sei denn, sie enden auf -s:
> **morgens, abends**

Bei den Zeitangaben in Großbuchstaben musst du dich für Groß- oder Kleinschreibung entscheiden.

(Schlüsselteil)

118 Fehlerschwerpunkte

← S. 67

Das Komma bei Aufzählungen

Aufgezählt werden können:

Lebewesen und Sachen (Nomen),

Tätigkeiten (Verben),

Eigenschaften (Adjektive).

Blätter am Strauch:
... Licht
... Ameisen
... immergrün
... blühfreudig
... eine Grube ausheben
... Wärme
... Kompost dazugeben
... Fliegen
... Wespen
... Erde nachfüllen
... unverwüstlich
... Schmetterlinge
... kalkhaltigen Boden
... stachellos
... Sonne
... Käfer
... die Pflanzen in die Grube setzen

Die Kletterrose liebt ...   Manche Kletterpflanzen sind ...
Bei Anpflanzungen musst du ...
Regelmäßige Gäste in der begrünten Hauswand sind ...

Hier kann vieles aufgezählt werden. Aber was passt zusammen?
Ergänze. Setze Kommas.
Beachte: Der letzte Teil der Aufzählung wird mit **und** angehängt.
Davor steht kein Komma, z. B.:
Die Kletterrose liebt Licht, Sonne und Wärme.

Das schrieb ein Schüler zur „Betonblume":

> Doch plötzlich geschah etwas Unerwartetes. Durch die Mischung verschiedener Samen und Wurzeln entstand die erste Betonblume. Sie schlug zornig gegen die graue Decke durchbrach den Beton und drang ans Sonnenlicht. Sie hatte einen hübschen flaumigen Silberrand und viele rotgelbe Knospen. Schließlich brachen auf jeder Straße auf jedem Platz und zwischen den Häusergruppen Betonblumen hervor. Sie verbreiteten sich wuchsen schnell und wurden groß wie Bäume. Ihre Knospen wurden größer öffneten sich und begannen ganz eigenartig zu duften.

← S. 70

Ist es dir aufgefallen? Hier fehlen die Kommas bei den Aufzählungen. Schreibe den Text in dein Heft und setze die fehlenden Kommas.

3

> Den Arbeitern, die mit riesigen Schneidemaschinen die Pflanzen absägten, stieg der Duft in ihre Nasen.
>
> Sie lächelten...
>   Sie träumten vor sich hin...
>   Sie vergaßen ihre Arbeit.
>
> Seitdem gab es wieder überall auf der Welt Wiesen...
>   Es gab wieder Bäume...
>   Es gab wieder Sträucher.
>
> Und die Kinder bestaunten die eifrig umherlaufenden Ameisen...
>   Sie bestaunten die krabbelnden Käfer...
>   Sie bestaunten die flatternden Schmetterlinge.
>
> Sie feierten ein großes Fest...
>   Sie kletterten auf die Baumäste...
>   Sie tanzten herum...
>   Sie sprangen herum.

Die Teile einer Aufzählung werden durch Kommas getrennt. Vor **und** und **oder** darf kein Komma stehen.

Dieser Abschnitt lässt sich viel einfacher und kürzer formulieren, wenn du aufzählst:

Sie lächelten, träumten ... und ...

Vergiss die Kommas nicht.

(Schlüsselteil)

Die Zeichensetzung bei der wörtlichen Rede

← S. 10

Der Kommissar sagt Jimmy ist eine alte Schlafmütze.

In der wörtlichen Rede steht, **was** gesprochen wird.
Im Begleitsatz erfährt man, **wer** spricht!

1 Wer ist hier eine Schlafmütze? Der Kommissar? Jimmy?

a) Sprich den Satz mehrmals laut.
   Wie viel Möglichkeiten gibt es?

b) Schreibe die verschiedenen Möglichkeiten auf.
   Unterstreiche die wörtliche Rede und setze die Satz- und Redezeichen nach folgendem Muster:

   _____ : „………………… .“
   Begleitsatz   wörtliche Rede

   „………… “, _____ , „………… .“

c) Der Begleitsatz kann auch am Ende stehen:

   „………………… “, _____ .

   Schreibe den Schlafmützen-Satz nach diesem Muster um.
   Es gibt zwei Möglichkeiten!

2 „Wieso?", fragt Jimmy, „ich habe doch gar nichts getan."
„Komm her!", befiehlt der Kommissar, „wir müssen deine Fingerabdrücke nehmen."
„Ich dachte", seufzt Jimmy, „es hätte diesmal geklappt."

a) Zeichne die Satzbilder zu diesen Sätzen.

b) Trage die Satz- und Redezeichen farbig ein.
   Achte dabei auf Groß- und Kleinschreibung.

3 a) Schreibe die folgenden Sätze zweizeilig ab:

Koffer-Jimmy kommt zu Fall

Entschuldigen Sie murmelt Koffer-Jimmy.
Er fährt fort ich habe Sie nicht absichtlich angestoßen.
Das macht nichts lächelt der Mann mit Hut – ein getarnter Kommissar – freundlich.
Sind Sie gestolpert setzte er fragend hinzu.
Nein antwortet Jimmy ich bin ausgerutscht.
Oje ruft der Kommissar haben Sie sich verletzt?
Ich glaube nicht entgegnet Jimmy nur mein Knöchel tut etwas weh.
Dann begleite ich Sie zum nächsten Arzt bietet der Kommissar an.
Wohnt hier denn ein Doktor staunt Jimmy.
Der Kommissar grinst ihn an nein, hier ist das Kommissariat.
Koffer-Jimmy zuckt zusammen ich glaube seufzt er der hat mich durchschaut.

(Schlüsselteil)

b) Setze dabei die Zeichen für die wörtliche Rede und die richtigen Satzzeichen ein.
Achte darauf, ob groß oder klein weitergeschrieben wird.

c) Zeichne die passenden Satzbilder unter die Sätze.

4 Schreibe ab und ergänze die fehlenden Satz- und Redezeichen:

Die Sache mit der Zahnpasta

Ingrid sieht fern.
Mama, komm schnell ruft sie.
Die Mutter geht zu ihrer Tochter ins Zimmer.
Wie oft soll ich dir denn noch sagen, dass du dir das blöde Werbefernsehen nicht mehr angucken sollst schimpft sie.
Aber Mama erwidert Ingrid der Mann hat etwas ganz Wichtiges gesagt.
Wenn wir die Zahnpasta benützen, die er in der Hand hält, dann müssen wir nie mehr zum Zahnarzt.
Das ist doch Unsinn meint die Mutter.
Kann der Mann denn einfach lügen fragt Ingrid.
Sie hat Süßigkeiten sehr gern und zum Zahnarzt geht sie gar nicht gern.
Bitte, kauf die Zahnpasta bettelt sie.
Dann wird sie nachdenklich.
Komisch überlegt sie, in R. gab es keine solche Zahnpasta und ich musste nicht zum Zahnarzt. Hier gibt es so viele Sorten, aber ich habe trotzdem schlechte Zähne.

(Schlüsselteil)

Wortfeld „sagen"

Sprache verstehen und beschreiben

← S. 6

Koffer-Jimmy sagt und sagt und sagt ...

> Ich sage dir, dass du für **sagen** fast immer ein anderes, treffenderes Verb benutzen kannst!

1 Koffer-Jimmy hat einen Freund: Taschen-Willi. Dieser hat sich, wie sein Name schon vermuten lässt, auf Handtaschen „spezialisiert". Von Zeit zu Zeit treffen sich die beiden bei Jimmy um ihre „Berufserfahrungen" auszutauschen. „Das Leben wird immer schwieriger", sagt Willi. „Wieso das denn?", sagt Jimmy. „Ach", sagt Willi. „Die Polizei macht jetzt immer so gute Aufklärungsaktionen. Selbst die alten Damen im Café passen auf ihre Handtaschen auf." „Ich kann mich nicht beklagen", sagt Jimmy. „Solange es Zeitungen gibt, läuft mein ‚Geschäft' bestens." „Das verstehe ich nicht!", sagt Willi. „Ja, kennst du denn meinen neuesten Trick noch nicht!", sagt Jimmy. „Nein, den kenne ich wahrscheinlich nicht", sagt Willi. „Eigentlich ist er ja Berufsgeheimnis, aber ich werde ihn dir jetzt ins Ohr sagen, wenn du sagst, dass du ihn niemandem weitersagen wirst."

a) Die beiden Freunde haben sich wirklich viel zu **sagen** – zu viel! Ersetze möglichst jedes **sagen** durch ein anderes Verb.

b) Führt das Gespräch der beiden Freunde weiter. Willi versteht Jimmys Trick nicht gleich und muss ein paarmal nachfragen.

c) Schreibe das Gespräch auf.
   Achte auf
   – die Zeichensetzung bei der wörtlichen Rede,
   – treffende andere Wörter für **sagen.**

S. 10 ←
S. 120 ←

Haben Sie gesehen, dass …?

1 Nachdem Koffer-Jimmy erfolgreich zugeschlagen hat, fragt Wachtmeister Hartmann den Bestohlenen:

> *Ihr Koffer fehlt?*
> *Wann haben Sie es denn bemerkt?*

> *Der Kerl wollte Ihren Koffer stehlen.*
> *Haben Sie das wirklich nicht durchschaut?*

> *Der Mann trug eine karierte Jacke? Sind Sie sicher?*

> *Der Dieb ist in die Straßenbahn eingestiegen.*
> *Haben Sie es genau gesehen?*

> *In dem Koffer waren 5000 Mark.*
> *Können Sie das beweisen?*

a) Wenn du die Reihenfolge der beiden Sätze in den Sprechblasen austauschst und die Konjunktion (das Bindewort) **dass** benutzt, erhältst du einen einzigen Satz:
   Wann haben Sie es …, **dass** *Ihr …?*

2 Aus den Angaben in seinen Notizen kann sich der Wachtmeister ein genaues Bild des Tathergangs machen.

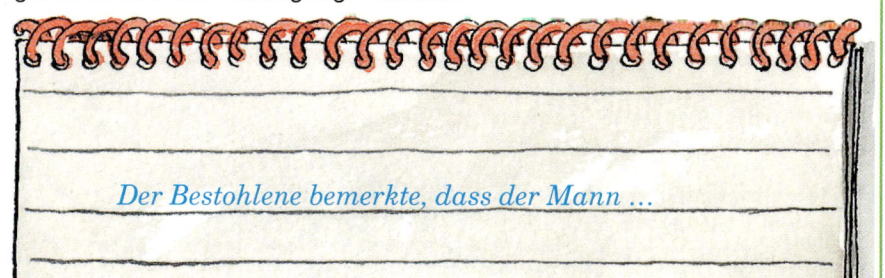

Der Bestohlene bemerkte, dass der Mann …

Schreibe mit Hilfe der Angaben in der Randspalte weitere **dass**-Sätze auf. Du erhältst dadurch ein Protokoll des Tathergangs.

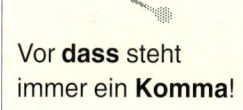

Konjunktion „dass"

Vor **dass** steht immer ein **Komma**!

bemerken
beobachten
feststellen
Koffer fehlen
sich sagen
besser zur Polizei gehen
sich vorstellen
etwas mit dem Inhalt anfangen können
wissen
karierte Jacke tragen

Eulenspiegel kann's nicht lassen

← S. 15

Eulenspiegel beim Schmied

1 a) Eulenspiegel hat die Aufforderung wörtlich genommen.
   Sprecht darüber, was der Schmied eigentlich sagen wollte.
   b) Zeichne und schreibe auch solche Eulenspiegeleien.
   Folgende Redensarten kannst du dazu gut verwenden:
   – das Handtuch werfen
   – die Kurve kratzen
   – jemanden im Mondschein besuchen
   – mit jemandem Schlitten fahren
   – mit den Hühnern aufstehen
   – dahin gehen, wo der Pfeffer wächst
   c) Wähle eine Redensart aus und erzähle eine Eulenspiegel-Geschichte dazu.
   Erraten die anderen die Redensart?

2 Eulenspiegels Werk?

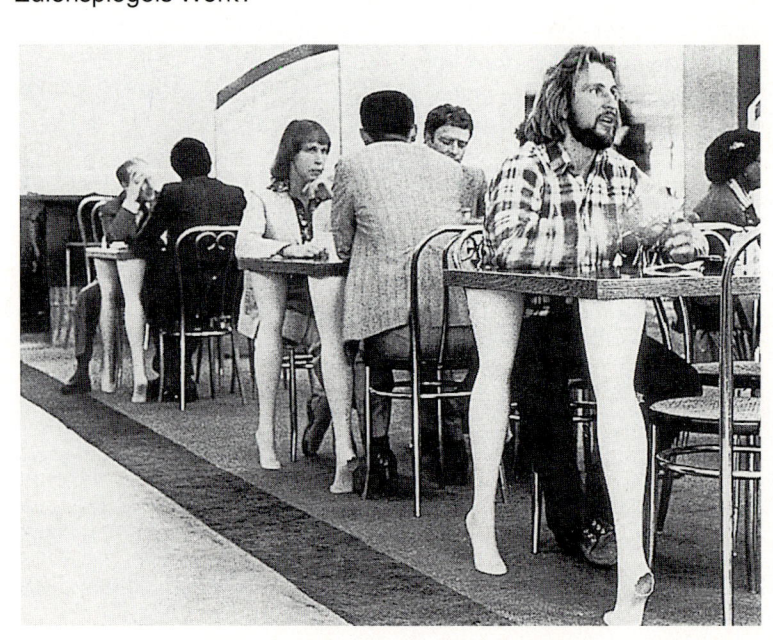

Ein Versandhaus verkauft diesen Eulenspiegel-Tisch und beschreibt ihn in seinem Prospekt:

> Diesen Tisch müssen Sie einfach besitzen! Die Platte besteht aus massivem Fichtenholz, die Beine sind eine originalgetreue Nachbildung der Beine Marylin Monroes. Durch einen Kunststoffüberzug ist dieses hochwertige Möbelstück völlig unempfindlich gegen Flecken. Sonderpreis, DM xxx,–

a) Zeichne folgende Produkte aus Eulenspiegels Werkstatt:

Pfeifenkopf – Zahnrad – Lampenfuß – Schlüsselbart – Fingerhut

b) Beschreibe auch diese Eulenspiegel-Produkte für den Versandhauskatalog!

3 Eulenspiegel schaltet das Radio ein. Sportreporter Rudi Müller berichtet gerade vom Fußballspiel TuS Bedorf gegen Austadt 04:

> *Nein, es ist nicht zu fassen: Meier nagelt den Ball an den Pfosten! Doch der Austädter Ulrich holt sich das Leder und setzt dem Bedorfer eine Bombe auf die Querlatte. Die Austädter wissen sich nun keinen Rat mehr: Sie mauern vor ihrem Tor um den Schlusspfiff zu erwarten. Doch da kommt Marx aus dem Rückraum, Jonas serviert ihm den Ball auf dem Tablett und Marx erzielt mit einem Kanonenschuss den Ausgleich.*

a) Schreibe alle Wendungen heraus, zu denen Eulenspiegel etwas Besonderes eingefallen wäre!

b) Was bedeuten die Wendungen eigentlich?

c) Kennst du noch andere Wendungen aus der Fußball-, der Tennissprache, …, zu denen Eulenspiegel Schabernack treiben würde?

d) Sprich selbst eine Reportage auf Kassette.

„Schabernack" – kann mir das jemand erklären?

Rallye – ganz in Gedanken

Um eine Rallye zu machen muss man nicht unbedingt ins Gelände gehen. Man kann ganz bequem auf seinem Stuhl sitzen bleiben, wenn man nur einige Spielregeln einhält …

Die Kreide-Rallye

1 Irgendjemand denkt sich einen Platz im Klassenzimmer aus, an dem er oder sie die Kreide versteckt. Die anderen müssen mit höchstens 21 Fragen den Ort erraten. Damit niemand mogelt, schreibt die Rallye-Füchsin oder der Rallye-Fuchs das Versteck vorher auf einen Zettel.

Wo?	Wohin?
Liegt die Kreide … *… **in der** rechten Hälfte der Klasse?* *… **auf dem** Boden?* *… **unter dem** Tisch*	*Hast du die Kreide …* *… **in die** rechte Hälfte der Klasse gelegt?* *… **auf den** Boden?* *… **unter den** Tisch?*
Dativ (3. Fall)	**Akkusativ** (4. Fall)

Die Präpositionen **in, auf, unter, an, über, hinter, vor, neben, zwischen** stehen
- mit dem Dativ auf die Frage **wo?**:   *in der rechten Hälfte*
- mit dem Akkusativ auf die Frage **wohin?**:   *in die rechte Hälfte*

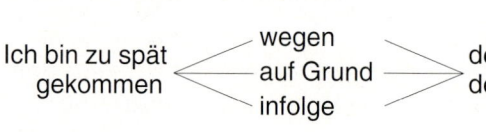

Ausreden-Rallye

2 Wer findet die beste Ausrede?

Ich bin zu spät gekommen — wegen / auf Grund / infolge — des/der …

Eigenlob-Rallye

3 Getreu dem Motto „Wenn mich andere schon nicht loben, dann muss ich das wohl auch noch selbst tun" kannst du dich hier selber loben!

Während — **des** Sturms / **der** Klassenarbeit / **des** Turniers — habe ich … .

Trotz — **des** Regens / **der** Dunkelheit / **des** Unglücks — war ich … .

In Aufgabe 2 und 3 hast du Präpositionen benutzt, die den 2. Fall (Genitiv) erfordern. In der Alltagssprache ist diese Ausdrucksweise nicht häufig.

Alle sind verzaubert

1 Jan trifft im Treppenhaus ein Mädchen mit Namen Emma.
Emma behauptet eine Hexe zu sein. Es ergibt sich folgendes Gespräch:

Emma behauptet: ...zaubere!
Jan fragt erstaunt: ...zauberst?
Willi Weseloh bestätigt: ...zaubert.

a) Das Gespräch ist, wie du siehst, nicht vollständig.
Schreibe es mit den notwendigen Ergänzungen auf.
Unterstreiche die Wörter, die du eingefügt hast, mit rotem Farbstift.

b) Emma behauptet auch noch andere Dinge zu können:
  – jemanden verhexen
  – sich manchmal unsichtbar machen
  – nachts alleine in den Keller gehen

Schreibe wie bei Aufgabe 1a auf, was Emma behauptet und was Jan und Willi Weseloh dazu sagen.
Kennzeichne auch hier mit rotem Farbstift die Wörter, die du bereits bei a unterstrichen hast.

(Schlüsselteil)

2 Von wem ist hier die Rede – von Emma, Jan oder von Willi Weseloh?

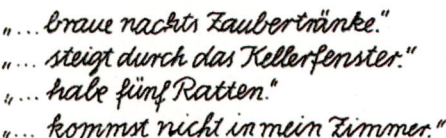

„… braue nachts Zaubertränke."
„… steigt durch das Kellerfenster."
„… habe fünf Ratten."
„… kommst nicht in mein Zimmer."

a) Ergänze die Sätze.

b) Markiere mit Farbstift, woran du gemerkt hast, von wem die Rede ist.

c) Schreibe ein Gespräch zwischen Emma, Jan und Willi Weseloh:

Jan fragt: „Du … nachts Zaubertränke?"
Herr Weseloh bestätigt: „Sie …"

3 a) Stell dir vor, Emma hat noch einen Bruder, Jan noch eine Schwester und Willi Weselohs Frau ist bei der Unterhaltung auch dabei. Wie müsste das Gespräch aus Aufgabe 1 zwischen den sechs Personen lauten?

Emma und Peter behaupten: „Wir zaubern!"
Jan und seine Schwester …

b) Welche Wörter zeigen, von welchen Personen die Rede ist?

c) Betrachte die Endungen der Verben in diesen Sätzen. Was stellst du fest?

	1. Person	2. Person	3. Person
Singular (Einzahl)	ich zaubere	du ■	er/sie/es ■
Plural (Mehrzahl)	wir ■	ihr ■	■ zaubern

d) Ergänze die Tabelle.

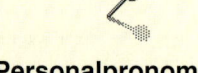

Personalpronomen (persönliche Fürwörter) zeigen, von welchen Personen die Rede ist. Verben erhalten bestimmte **Personalformen**.

Früher – damals – vor kurzem – heute – morgen

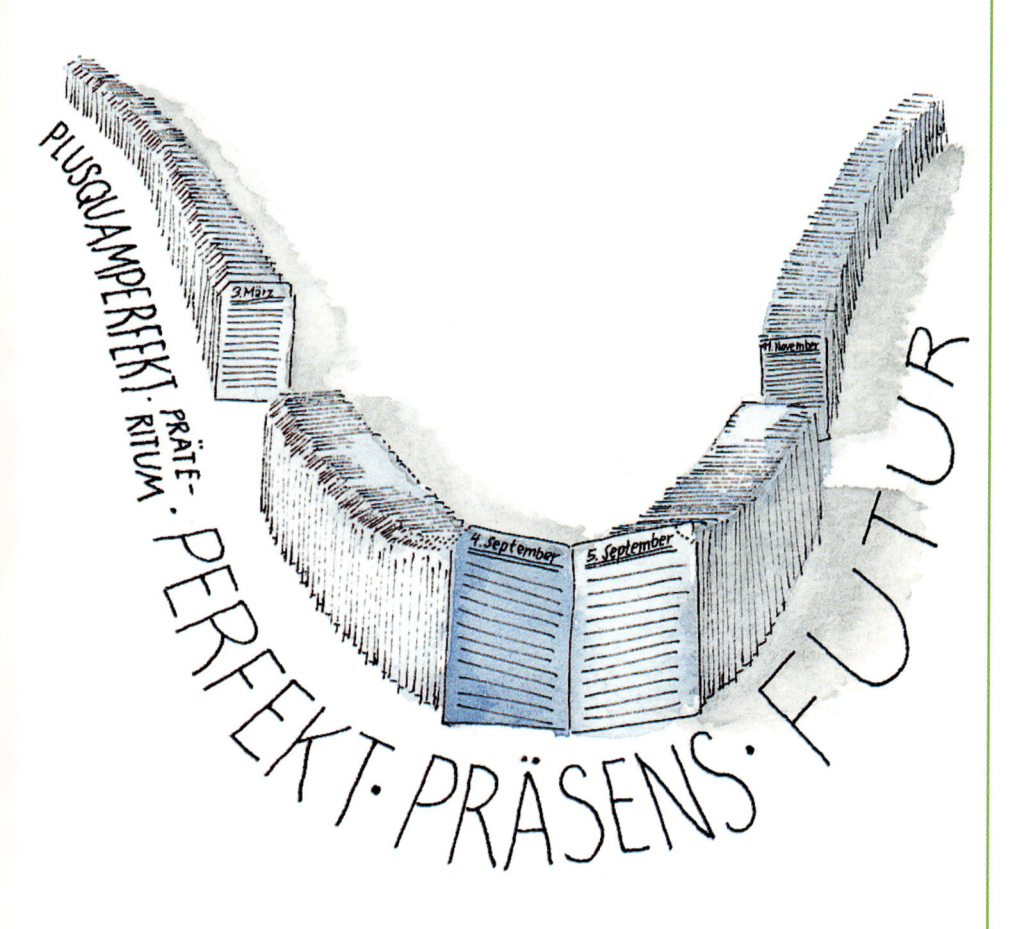

PLUSQUAMPERFEKT · PRÄTERITUM · PERFEKT · PRÄSENS · FUTUR

Nina: Wir müssen uns heute über unseren Ausflug im November unterhalten.
Peter: Bei unserem letzten Ausflug im März waren wir im Steinerwald. Wir hatten ein Geländespiel geplant, aber es goss in Strömen.
Brian: Was ist, wenn's regnet?
Nina: Wir müssen schlechtes Wetter einkalkulieren.
Maike: Beim letzten Mal hatten wir nicht mit Regen gerechnet.
Jenni: Wir wollten ja auch noch ein Museum besichtigen.
Israfil: Ja, aber als wir ankamen, mussten wir feststellen, dass es geschlossen hatte.
Nina: Daraus haben wir etwas gelernt.
Peter: Wir müssen uns jetzt entscheiden. Am besten machen wir sofort eine Meinungsumfrage.
Nina: Wir stimmen ab.
Maike: Nächste Woche bringen alle Prospekte mit.
Brian: Wir werden uns im Reisebüro erkundigen.
Israfil: Die Klassenkasse werden wir kräftig plündern.

Zeitadverbien
jetzt
früher
heute
morgen
gleich
sofort

Hilfsverben
sein
haben
werden

Personalpronomen
ich
du
er/sie/es
wir
ihr
sie

1 a) Was geschah wann?
Male eine Zeitleiste!

b) Trage die erwähnten Ereignisse an der Stelle ein, wo sie hingehören.

c) An welchen Stellen seid ihr unterschiedlicher Meinung?

d) Benennt in den Sätzen die Wörter, die euch Auskunft über die Zeit geben, von der die Kinder reden.
Achtet auf die Zeitformen der Verben und die Zeitangaben.

e) Etwas Zukünftiges kann unterschiedlich ausgedrückt werden.
Finde die verschiedenen Möglichkeiten heraus.

(Schlüsselteil)

2

Plusquamperfekt	Präteritum	Perfekt
Ich war gestolpert. *Wir hatten ein Museum besichtigt.* *...*	*Ich stolperte.* *Wir besichtigten ...* *...*	*Ich bin gestolpert.* *Wir haben ... besichtigt.* *...*

Präsens	Futur
Ich stolpere. *Wir besichtigen ...* *...*	*Ich werde stolpern.* *Wir werden ... besichtigen.* *...*

a) Untersucht, wie die einzelnen Zeitformen gebildet werden.

b) Bilde zu jeder Zeitform Beispielsätze mit allen Personalpronomen.

Wer blickt durch?

Um Mitternacht klingelt bei Carla Holmes das Telefon.
Eine Frauenstimme berichtet aufgeregt:

Gegenüber von meiner Wohnung öffnen zwei Männer gewaltsam die Eingangstür eines Elektrogeschäftes. Ein dritter Mann wartet geduckt in einem Wagen mit laufendem Motor. Jetzt schleppen die beiden Gauner einen Fernsehapparat ins Auto. In diesem Moment fährt das Auto mit quietschenden Reifen los.

1   Kriminalkommissarin Carla Holmes geht sehr überlegt vor, wenn sie einen Fall löst. Sie fragt sich zunächst einmal:
– WER macht etwas oder hat etwas gemacht?
– WAS geschieht oder geschah?
Zu welchen Ergebnissen kommt sie im folgenden Fall?

a) Lege die folgende Tabelle in deinem Heft an. Trage die Antworten ein:

WER?	WAS geschieht?
eine Frauenstimme	*berichtet aufgeregt*
zwei Männer	…
…	…

b) Formuliere mit den Angaben auf dem Zettel einen Zeitungstext. Schreibe ihn auf und unterstreiche die Satzteile, die aussagen, WER? etwas macht und WAS? geschieht.
Benutze verschiedene Farben.

Einbrecher
Hund
Bewohner
Polizei
Zeugen
bellen
bemerken
einsteigen
kommen
sehen
entkommen

Subjekt
Prädikat

finden
eindringen
öffnen
herbeirufen
staunen
auskennen
liegen

Dreister Raub – keine Beute

In der Nacht von Sonntag auf Montag ✽ Diebe in den Kassenraum des „Comet-Supermarktes" in Altstadt ✽ . Die Gangster ✽ sich offenbar gut ✽ . Sie ✽ den Tresor des Geschäftsführers. Der Alarmmelder ✽ auch die Polizei ✽ . Die Polizisten ✽ jedoch nicht schlecht: Auf dem Fußboden des Kassenraumes ✽ ein völlig zertrampeltes Plakat: Denken Sie daran: Diebstahl lohnt sich nicht! Das ✽ die Diebe als offenbar einzigen Gegenstand im Tresor.

2
a) Schreibe den Zeitungstext in dein Heft und ergänze die fehlenden Verben mit Hilfe der Randleiste. (Schlüsselteil)

b) Unterstreiche die eingefügten Verben.
Auf welche Frage der Kommissarin geben sie Antwort?

c) Stelle auch die zweite Frage in jedem Satz.
Unterstreiche den Teil des Satzes, der sie dir beantwortet.

Die beiden Satzteile, die dir Auskunft geben:
WER …?
… macht WAS?
heißen **Subjekt** und **Prädikat.**

Carla Holmes   *blickt durch.*

WER?   WAS macht sie?
Subjekt   **Prädikat**

Was ist hier passiert?

?	Prädikat	?	?
?	klingelte.		
Alle Kinder	verließen		?
?	gab	?	einen Stoß.
Er / Sie	fiel		? hinunter.
?	rief		den Krankenwagen.
Der Arzt	nähte		?
?	verband	?	den Kopf.
?	schmerzte.		
?	schrieb		einen Unfallbericht.

1 a) Stellt euch gegenseitig Fragen und klärt, was hier passiert ist.

b) Übertragt dann die Tabelle in euer Heft und füllt sie aus.

c) Welche Fragewörter müsst ihr für die Satzglieder in den einzelnen Spalten benutzen? Tragt sie in die Tabelle ein.

d) Das Prädikat verlangt unterschiedliche Ergänzungen.
Mindestens eine ist auch in den kürzesten Sätzen notwendig:
das **Subjekt**.
- Welche Rolle spielt es im Satz?
- Mit welchen Fragewörtern kann man es ermitteln?

e) Die beiden anderen Ergänzungen in diesen Sätzen nennt man **Objekte**.
An den Fragewörtern könnt ihr erkennen, ob sie im 3. Fall (**Dativ**) oder im 4. Fall (**Akkusativ**) stehen.

2 a) Was haltet ihr von der folgenden Situation?
Welchen Rat würdet ihr der Tischgruppe geben?

> Karsten, Verena, Ines und Mike sitzen an einem Gruppentisch. Meistens halten sie zusammen. Vor einigen Tagen gab es Schwierigkeiten. Mike konnte eine Mathematikaufgabe in der Klassenarbeit nicht. Die drei anderen mussten bis zur letzten Minute rechnen. Sie konnten ihm nicht helfen. Seitdem spricht Mike nicht mehr mit ihnen.

b) Durch Umstellproben kann man Betonungen im Satz ändern.
Untersuche das am Text!

Meistens halten sie zusammen.
Sie halten meistens zusammen.

Lest die beiden Sätze mit verschiedenen Betonungen (Klangprobe).
Welcher Satz passt nach eurer Meinung am besten in die Geschichte?

c) Geht so auch bei den anderen Sätzen vor.
Schreibt den Text in der Form auf, die euch am besten gefällt.

d) In diesen Sätzen sind die Satzglieder nicht so leicht zu bestimmen.
Sucht zunächst die Prädikate und unterstreicht sie.
Achtung: Manchmal sind die Teile des Prädikats
auseinander gezogen: *halten ... zusammen* (Schlüsselteil)

e) Bestimmt nun mit Hilfe der Fragewörter die Subjekte
und unterstreicht sie mit einer anderen Farbe. (Schlüsselteil)

f) Nun bleiben noch die Objekte, die Zeitangaben
und die Ortsangaben übrig.
Die Fragewörter für die Objekte kennt ihr schon.
Die Fragewörter für Ort und Zeit könnt ihr euch denken.
Unterstreicht diese Satzglieder jeweils wieder
mit anderen Farben. (Schlüsselteil)

g) Ein Satzglied steht immer an derselben Stelle im Satz.
An welcher und wie heißt es? (Schlüsselteil)

3 Der Text in Aufgabe 1, S. 133, klingt eintönig, weil er immer dieselbe ← S. 77
Reihenfolge von Satzgliedern hat.
Durch Umstellproben kannst du das ändern.
Probiere aus, wie die Sätze am besten klingen.

Schlüsselteil

S. 93, Aufgabe 2
sobald, soeben, sofort, sogar, sogenannt, solange, soviel, soweit, sowohl, sozusagen; Dieb, diejenigen, dienen, Diener, Dienst, Dienstag, Diesel, dieselbe, diesig, diesmal; schlecht, schleichen, Schleier, Schleife, schleppen, Schleuse, schließen, schließlich, schlimm, Schlips; wiederbringen, wiederholen, wiederkommen, wiedersehen, wiegen, wieviel, willkommen, willkürlich, wimmeln, wimmern

S. 96, Aufgabe 1
… Gefängnis … bestimmt … interessante … heute Morgen … freundlich … lächelte … griff … rannte … fertig … mit dem Lesen … einen großen Schrecken … denn … Eine rote Mütze, ein gestreiftes Hemd … Hose … erinnern …

S. 99, Aufgabe 3
entsetzlich, entsetzt, aussetzen, Fortsetzung, besetzen, besetzt, setzt, setzen; unterhalten, behalten, Unterhalter, Unterhaltung, Anhalter, haltbar, halten; erleben, erlebt, überleben, überlebt, Erlebnis, leben, lebt; Vortrag, vertragen, übertragen, Übertragung, tragen, tragisch

S. 100, Aufgabe 1
Hoffnung – hoffen, Fahrtüchtigkeit – fahrtüchtig, Gemeinschaft – gemeinsam, Müllverbrennung – verbrennen, Ordnung – ordnen, Wagnis – wagen, Ereignis – ereignen, Gesundheit – gesund, Freiheit – frei, Warnung – warnen, Landschaft – landen, Vergangenheit – vergangen, Möglichkeit – möglich, Trunkenheit – betrunken, Veranstaltung – veranstalten, Gesellschaft – gesellen

S. 101, Aufgabe 2
Mehrheit, Wachsamkeit, Endung, Verfolgung, Entdeckung, Sparsamkeit, Dankbarkeit, Finsternis, Ersparnis, Hindernis, Aufmerksamkeit, Dunkelheit, Erlaubnis, Wagnis, Ereignis, Gesundheit, Menschlichkeit, Führung, Bekanntschaft, Trockenheit, Ehrlichkeit, Lösung, Eigenschaft, Bereitschaft, Zufriedenheit, Freiheit, Versicherung

S. 101, Aufgabe 4
Iltis – Iltisse, Atlas – Atlasse/Atlanten, Kürbis – Kürbisse, Bus – Busse, Zirkus – Zirkusse, Globus – Globusse/Globen

S. 102, Aufgabe 1

vergeblich	hauptsächlich	fleißig	vorsichtig
schädlich	gesetzlich	spaßig	lästig
beweglich	brüderlich	hastig	nötig
wirklich	vorzüglich	ruhig	günstig
herbstlich	natürlich	rostig	neblig

S. 104, Aufgabe 1
der Herd – die Herde, die Gegend – die Gegenden, der Zweig – die Zweige, der Maßstab – die Maßstäbe, das Pferd – die Pferde, der Schmied – die Schmiede, der Krieg – die Kriege, der Korb – die Körbe, der Bart – die Bärte, das Gebiet – die Gebiete, der Bezirk – die Bezirke, der Schrank – die Schränke

S. 104, Aufgabe 2
ich empfand – empfinden, ich belud – beladen, er gräbt – graben, ich entschied – entscheiden, er betrügt – betrügen, ich stieg – steigen, du schiebst – schieben, sie trank – trinken, es galt – gelten, sie trat – treten

S. 104, Aufgabe 3
elend, spannend, schräg, trüb; wund, fremd, klug, taub; bunt, laut, stark, blank

S. 104, Aufgabe 4
Gegner, Staubsauger, Betriebsausflug, erfolglos; Schubkarre, Zweigstelle, Verbandskasten, Schlagsahne

S. 105, Aufgabe 2
quälen – Qual, nämlich – Name, tatsächlich – Tatsache, längst – lange, gegenwärtig – Gegenwart, Gedächtnis – ich dachte, Rätsel – raten, Fläche – flach, Gespräch – Sprache;
läuten – laut, vorläufig – laufen, äußerlich – außen, Säure – sauer, täuschen – tauschen, gebräuchlich – gebrauchen, einräumen – Raum, zerstäuben – Staub, Geräusch – rauschen

S. 105, Aufgabe 3
geläutet, geträumt, eingezäunt, geräuchert, gesäubert, die Läuferin, unverkäuflich, bäuerlich, Bräutigam, Räuber

S. 106, Aufgabe 2
Axt, Taxi, Text, Boxer, Praxis

S. 106, Aufgabe 4
November, viel, Veilchen, Silvester, Vetter, Kurve, bravo, Vase, Viertel, Volk

S. 107, Aufgabe 5
kriechen – ich kroch – ich bin gekrochen
frieren – ich fror – ich habe gefroren
verbieten – ich verbot – ich habe verboten
verlieren – ich verlor – ich habe verloren
biegen – ich bog – ich habe gebogen
wiegen – ich wog/wiegte – ich habe gewogen/gewiegt

S. 110, Aufgabe 6
Versammlung – versammeln, Hoffnung – hoffen, Gestell – stellen, Geknurr – knurren; Gebrüll – brüllen, Kamm – kämmen

S. 112, Aufgabe 11 a
Flamme, Kammer, fleckig, Brille, Pille
Kanne, Pfanne, Teppich, Socken, locker

S. 112, Aufgabe 11 c
verzollen, allgemein, der Roller, augenblicklich, schmutzig, der Mittelpunkt, der Irrtum, die Versammlung, schrecklich, der Wecker, das Gebäck

S. 113, Aufgabe 1 b

kurzer Vokal	langer Vokal
passte auf	saß
dass	hieß
Lehnsessel	stieß
biss	ließ
iss	Spaß
wusste	Gruß
passierte	
lass	
Schluss	

S. 114, Aufgabe 4

passieren   blass   nass   hassen   Presse
Pass   Blässe   nasser   hässlich pressen
passiert   verblassen Nässe   gehasst   Pressluft

S. 114, Aufgabe 5 a

Lass das!   –   lassen
du isst   –   essen
zusammengefasst   –   zusammenfassen
Aufgepasst!   –   aufpassen

S. 114, Aufgabe 5b

vergesslich   –   vergessen
gewiss   –   wissen
Messgerät   –   messen
hässlich   –   hassen
Pressluft   –   pressen

S. 114, Aufgabe 6

passte - saß - Lehnsessel - hieß - lass - Spaß

S. 114, Aufgabe 7

spa-ßen   –   der Spaß
schie-ßen –   der Schuss
gie-ßen   –   der Guss
flie-ßen   –   der Fluss
grü-ßen   –   der Gruß
sprie-ßen –   der Spross
sto-ßen   –   der Stoß
schlie-ßen –   das Schloss/der Schluss
bei-ßen   –   der Biss

S. 114, Aufgabe 8

Preis   fleißig   Süssigkeiten   Spieß
los   hastig   Russland   Masse oder Maße

S. 117, Aufgabe 3

heute Abend … heute Nacht … morgens … mittags … gestern Nachmittag … heute am frühen Morgen … in der Nacht … gegen Mittag … am Nachmittag … morgen früh … nachmittags … vor dem Abend …

S. 119, Aufgabe 3

… Sie schlug zornig gegen die graue Decke, durchbrach den Beton und drang ans Sonnenlicht … Schließlich brachen auf jeder Straße, auf jedem Platz und zwischen den Häusergruppen Betonblumen hervor. Sie verbreiteten sich, wuchsen schnell und wurden groß wie Bäume. Ihre Knospen wurden größer, öffneten sich und begannen ganz eigenartig zu duften.

S. 119, Aufgabe 3

Sie lächelten, träumten vor sich hin und vergaßen ihre Arbeit.
Seitdem gab es wieder überall auf der Welt Wiesen, Bäume und Sträucher. Und die Kinder bestaunten die eifrig umherlaufenden Ameisen, die krabbelnden Käfer und die flatternden Schmetterlinge.
Sie feierten ein großes Fest, kletterten auf die Baumäste und tanzten und sprangen herum.

S. 121, Aufgabe 3

„Entschuldigen Sie", murmelt Koffer-Jimmy.
Er fährt fort: „Ich habe Sie nicht absichtlich angestoßen."
„Das macht nichts", lächelt der Mann mit Hut – ein getarnter Kommissar – freundlich.
„Sind Sie gestolpert?", setzt er fragend hinzu.
„Nein", antwortet Jimmy, „ich bin ausgerutscht."
„Oje!", ruft der Kommissar. „Haben Sie sich verletzt?"
„Ich glaube nicht", entgegnet Jimmy, „nur mein Knöchel tut etwas weh."
„Dann begleite ich Sie zum nächsten Arzt", bietet der Kommissar an.
„Wohnt hier denn ein Doktor?", staunt Jimmy.
Der Kommissar grinst ihn an: „Nein, hier ist das Kommissariat."
Koffer-Jimmy zuckt zusammen. „Ich glaube", seufzt er, „der hat mich durchschaut."

S. 121, Aufgabe 4

Ingrid sieht fern.
„Mama, komm schnell!", ruft sie.
Die Mutter geht zu ihrer Tochter ins Zimmer.
„Wie oft soll ich dir denn noch sagen, dass du dir das blöde Werbefernsehen nicht mehr angucken sollst!", schimpft sie.
„Aber Mama", erwidert Ingrid, „der Mann hat etwas ganz Wichtiges gesagt. Wenn wir die Zahnpasta benützen, die er in der Hand hält, dann müssen wir nie mehr zum Zahnarzt."
„Das ist doch Unsinn!", meint die Mutter.
„Kann der Mann denn einfach lügen?", fragt Ingrid.
Sie hat Süßigkeiten sehr gern und zum Zahnarzt geht sie gar nicht gern.
„Bitte, kauf die Zahnpasta!", bettelt sie.
Dann wird sie nachdenklich.
„Komisch", denkt sie, „in R. gab es keine solche Zahnpasta und ich musste nicht zum Zahnarzt. Hier gibt es so viele Sorten, aber ich habe trotzdem schlechte Zähne."

S. 127, Aufgabe 1 b

Emma behauptet:	Jan fragt erstaunt:	Willi Wesseloh bestätigt:
„<u>Ich</u> verhexe dich!"	„<u>Du</u> verhext mich?"	„<u>Sie</u> verhext dich."
„<u>Ich</u> mache mich manchmal unsichtbar."	„<u>Du</u> machst dich manchmal unsichtbar?"	„<u>Sie</u> macht sich manchmal unsichtbar."
„<u>Ich</u> gehe nachts alleine in den Keller!"	„<u>Du</u> gehst nachts alleine in den Keller?"	„<u>Sie</u> geht nachts alleine in den Keller."

S. 130, Aufgabe 1 e
Etwas Zukünftiges kann ausgedrückt werden durch:
- die Verbform Futur : Wir werden uns erkundigen.
- eine Zeitangabe: Nächste Woche bringen alle Prospekte mit.
- Es kann auch unbezeichnet bleiben und aus dem Zusammenhang heraus deutlich werden: Was ist, wenn's regnet?

S. 132, Aufgabe 2 a
… drangen … ein … kannten … aus … öffneten … rief … herbei … staunten … lag … fanden …

S. 135, Aufgabe 2 d
sitzen; halten … zusammen; gab; konnte; mussten … rechnen; konnten … helfen; spricht

S. 135, Aufgabe 2 e
Karsten, Verena, Ines und Mike; sie; es; Mike; die drei anderen; sie; Mike

S. 135, Aufgabe 2 f
Objekte: Schwierigkeiten; eine Mathematikaufgabe; ihm; mit ihm
Zeitangaben: meistens; vor einigen Tagen; bis zur letzten Minute, seitdem
Ortsangaben: an einem Gruppentisch; in der Klassenarbeit

S. 135, Aufgabe 2 g
Das <u>Prädikat</u> steht immer an <u>zweiter</u> Stelle im Satz.

Übersicht der Lerninhalte

Thema	Sprechen	Schreiben	Reflexion über Sprache
Koffer-Jimmy S. 6–11	Szenisches Spiel Sketch gestaltendes Sprechen	Umgestalten einer Bildvorlage in Comic, Dialog, Erzählung	wörtliche Rede Erzähltempus Präteritum
So war das nicht gemeint … S. 12–16		Erzählkern ausgestalten in Erzählabschnitte gliedern	
	Erzählvorlagen spielend erweitern	Schwänke zu bildhaften Wendungen schreiben	bildhafte Sprache Erzähltempus Präteritum Adjektive und Adverbien
Ob sie wirklich zaubern konnte? S. 17–21		Erzählperspektiven einhalten und variieren	Personal- und Possessivpronomen Personalformen und Zeitformen des Verbs Zeitadverbien
Spielspaß S. 22–31	Vereinbarungen über Arbeitsformen treffen Spielregeln mündlich übermitteln	Spielanleitungen entwerfen, überprüfen, verändern Variationen des Aufforderns und Beschreibens	Verb-Konjugation (zusammengesetzte) Nomen und ihre Begleiter Konkretum, Abstraktum aus Verben werden Nomen Imperativ(varianten)
Klasse 6 unterwegs S. 32–39	Kompromisse im Gespräch (Diskussion) finden argumentieren Arbeitsplanung verabreden	Wegbeschreibung	Leistung von Piktogrammen Präpositionen Relativsatz Erweiterungsprobe
Bücher- Bücher- Bücher S. 40–45	Argumentieren Gesprächsregeln Buch vorstellen Absprachen treffen	Fragebogen Kurzbeschreibung (Klappentext) Karteikarten	Präsens Konjunktionen Fachsprache
Versteh mich doch! S. 46–51	Gespräche führen argumentieren Pro und Kontra	Gesprächsregeln	Gesprächsverhalten analysieren geschriebene/gesprochene Sprache Konjunktionen Klang-, Ersatzprobe
Carla Holmes, Kriminalkommissarin S. 52–54	Fragen an einen Text stellen vergleichen und abwägen	Informationen tabellarisch darstellen	Fragepronomen Satzglieder: Subjekt, Prädikat, Zeit- und Ortsangaben
Vom Streiten … S. 55–58	Gespräch/Diskussion (Klassenrat) Gesprächsregeln	nichtsprachliche Zeichen als Gestaltungsmittel	Sprechweisen für faires Streiten ermitteln Satzglieder: Subjekt, Objekte
Ich sehe es dir an! S. 59–62	Gefühle zum Ausdruck bringen Sketch	Rollenanweisungen	Kommunikationsfunktion von Gestik und Mimik
Grün macht Schule S. 63–72	Absprachen für ein Projekt treffen	Projektbegleitende Texte: Tabelle, Merktext, Inhaltsangabe Anleitungstext, Bericht, Aufruf Brief, Bestellung	Appellative Sprachmittel reflektieren und einsetzen

Rechtschreiben	Textrezeption	Techniken
Zeichensetzung bei wörtlicher Rede thematische Wortlisten Satzschlusszeichen	Stilmittel des Comics Handlungsideen mit Pointen entwickeln	Textüberarbeitung dialogisches Schreiben
ie- Schreibung Komma bei Aufzählung	Schwank Bauformen erkennen und weiterführen	Adjektive ableiten Textüberarbeitung
thematische und **ih**-Wortliste	Textverständnis üben	mit Merkhilfen erzählen
Wortfamilie „Spiel" Schreibung von Nomen und Zahlwörtern, Texte inhaltlich korrigieren und dazu funktional aufschreiben Gleichschreibungsliste: Konsonantenhäufung, Wortliste **ss - ß**	Spielanleitungen rezipieren und erproben Textkonstituenten erkennen	„Brainstorming" Textvariation Textüberarbeitung
Komma im Relativsatz thematische Wortliste, **her-, hin-** Gleichschreibungsliste: Zusammenschreibung von Verben	Prospekt und Karte lesen	diskutieren Arbeitsteilung vereinbaren Textüberarbeitung
thematische Wortliste Wortliste Fremdwörter	Fragebogen auswerten Klappentexte, Inhaltsverzeichnisse vergleichen	Klassenbücherei organisieren Kartei anlegen Buchvorstellung organisieren Textüberarbeitung
Komma in Gliedsätzen **dass**		Rollenspiel Cluster Pro-und-Kontra-Liste Kassettenrekorder einsetzen
Fremdwörter nachschlagen	informierendes Lesen	Tabellen anlegen Sachverhalte klären
Fremdwörter auf **-ion** und **-ieren**	Gesprächsverläufe analysieren	Diskussion Problemlöseverfahren
	körpersprachliche Signale entschlüsseln	Rollenverhalten beobachten
thematische Wortliste	Sachtexte und Illustrationen auswerten	Informationen beschaffen Befragung durchführen

Register

Abschreiben 90
Abstraktum 26
Adjektiv
   Wortbildung 16, 102
Adverb 16, 130
adverbiale Bestimmung 54, 134
Akkusativobjekt 58
Alphabet 76
Anführungszeichen → Redezeichen
Anleitungstext 69
Appellieren 65
Arbeitstechniken
   Abschreiben 90
   Cluster 50
   Diskussion 32, 55 ff.
   Gespräche führen 46 ff., 55 ff.
   Informationen sammeln 33, 64, 66, 72
   inhaltliche, stilistische Textüberarbeitung 11, 30 f., 38 f., 43, 73 ff.
   Nachschlagewerke benutzen 92
   Partnerdiktat 91
   rechtschriftliche Textüberarbeitung 30 f., 96
   Umfrage 40
   Wortlisten 90, 98
Argumentieren 37, 46 ff.
Artikel 26
Attribut 80
Aufzählung 16, 118

Befragung durchführen 40
Begleiter → Artikel
Beschreiben
   Buchinhalt 41
   Wege 38
besitzanzeigendes Fürwort → Possessivpronomen
Bestimmung, adverbiale 54, 134
Bildergeschichte 6
bildhafte Sprache 12 ff., 15, 124
Bindewort → Konjunktion

Comic 7 f.

Dativobjekt 58
direkte Rede → wörtliche Rede
Diskussion 32, 55 ff.

Eigenschaftswort → Adjektiv
Einladen 66
Ergänzung 133 → Objekt
Ersatzprobe 75, 81
Erweiterungsprobe 16, 80
Erzählen 10, 12 ff., 19 ff.

Fachsprache 45
Fragebogen 40
Fragepronomen 54
Freies Schreiben 82
Futur 129

Gegenwartsform → Präsens
Genitiv 126
Geschichten erzählen → Erzählen
geschriebene/gesprochene Sprache 47
Gespräche führen 46 ff., 55 ff.
Gesprächsregeln 50, 57
Gestik 60 ff.
Gliedsatz 48, 76, 123

Hauptwort → Nomen
Hilfsverb 130

Imperfekt → Präteritum
Informationen sammeln 33, 64, 66, 72
Inhaltsangabe 41

Kassettenrekorder 125
Klappentext 41
Komma
   Aufzählung 16, 118
   Gliedsatz 48, 76, 81, 123
Kommunikation (nonverbal) 59 ff.
Konjugation 23, 127
Konjunktion 43, 48, 76, 81, 123
Konkretum 26
Konsonant 109

Medieneinsatz
   Kassettenrekorder 125
Mengenwort 26
Mimik 59 ff.

Nachschlagewerke benutzen 92
Nachsilbe 100
Nebensatz → Gliedsatz
Nomen 26
    Wortbildung 25, 100
nonverbale Kommunikation 59 ff.

Objekt 58, 133
    Akkusativ 133
    Dativ 133
Ortsangabe 54, 134

Partnerdiktat 91
Perfekt 129
persönliches Fürwort → Personalpronomen
Personalform 23, 127
Personalpronomen 19, 75, 127, 130
Piktogramm 37
Possessivpronomen 20, 26
Prädikat 54, 131
Präfix → Vorsilbe
Präposition 26, 39, 126
Präsens 42, 79
Präteritum 10, 14, 79

Rechtschreibung überarbeiten 30 f., 96
Redezeichen 9 ff., 78, 81, 120
Relativpronomen 39
Relativsatz 39
Rollenspiel 51
rückbezügliches Fürwort → Relativpronomen

S-Laut 113
Sachbuch 44 f.
Satzaussage → Prädikat
Satzgegenstand → Subjekt
Satzglied 54, 58, 131
Satzschlusszeichen 11
Schreibspiele 82
Schwank 12 ff.
Silbentrennung 94
Sketsch 9, 61 f.
Spielanleitung 22 ff.
Streiten 55 ff.
Subjekt 54, 58, 77, 131

Substantiv → Nomen
Suffix → Nachsilbe
szenisches Spiel 9

Textüberarbeitung
    rechtschriftlich 30 f., 96
    inhaltlich, stilistisch 11, 30 f., 38 f., 43, 73 ff.
Textverständnis üben 17 ff.
Theater spielen 9, 61 f.

Umstellprobe 77, 81

Verb
    Futur 129
    Konjugation 23, 127
    Perfekt 129
    Personalform 23
    Plusquamperfekt 129
    Präsens 42, 79, 129
    Präteritum 10, 14, 79, 129
    Wortbildung 22, 103
    Zeitformen kontrollieren 79, 81
Vergangenheitsform → Präteritum
Verhältniswort → Präposition
vollendete Gegenwart → Perfekt
vollendete Vergangenheit → Plusquamperfekt
Vorsilbe 103

Wegbeschreibung 38
Wiewort → Adjektiv
Wörterbuch benutzen 92
wörtliche Rede 9 ff., 78, 81, 120
Wortbaustein 99
Wortfamilie 99
Wortfeld 122
Wortliste 90, 98
Wortstamm 99
Wortzusammensetzung 25

Zeitangabe 54, 117, 134
Zeitenfolge 129
Zeitformen kontrollieren 79, 81
    auch → Verb
Zukunft → Futur
Zusammensetzung 25

Textquellenverzeichnis

S. 17 f.	Waldrun Behnke, Die Hexe, aus: Hans J. Gelberg (Hg.), Die Erde ist mein Haus, Hb. der Kinderliteratur, Bd. 4, Beltz & Gelberg, Weinheim 1988, S. 9-11
S. 34 f.	Prospekt: Westfälisches Freilichtmuseum Hagen
S. 41	Andreas Fischer-Nagel/Christel Schmitt, Eine Biberburg im Auwald, Erika Klopp Verlag, Berlin 1986
	Irina Korschunow, Eigentlich war es ein schöner Tag, Herold, Stuttgart 1977
	Renate Welsh, Wie in fremden Schuhen, Jungbrunnen, München/Wien 1983
S. 44/45	Achim Bröger, Mein 24. Dezember, Arena Verlag 1985
	Irving Robbin, Was ist Was Bd. 11, Hunde, Tessloff Verlag, Nürnberg 1982
S. 64	aus: Ulrike Mehl/Klaus Werk, Häuser in lebendigem Grün, Fassaden und Dächer mit Pflanzen gestalten, Falken Verlag, Niedernhausen 1987/89, S. 21 f.
S. 67/68	aus: Bernhard Veerbek, Unterricht Biologie 135/12. Jg., Juni 1988, Vlg. Friedrich, Seelze, S. 25
S. 70/71	Mario Bolognese, Die Betonblume, aus: Georg Bydinski, Hans Dameneger u.a. (Hg.), Macht die Erde nicht kaputt, Geschichten für Kinder über uns und unsere Welt, Herder & Co. Wien 1988 (3. Auflage), S. 109
S. 72	aus: Unterricht Biologie H. 79, 1988, S. 20, Friedrich Verlag, Seelze
S. 89	Joachim Fritzsche: Schreibwerkstatt (Reihe Werkstatt Literatur) Stuttgart 1989
S. 92	Von Wort zu Wort, Schülerhandbuch Deutsch, Hg. von H. Pleticha und H. P. Thiel, © Cornelsen Velhagen & Klasing GmbH & Co. 1984
S. 93	A-Z, Wörterbuch ab Klasse 5, Cornelsen Verlag Hirschgraben, Frankfurt/Berlin 1989

Bildquellenverzeichnis

Gestaltung der Raupen: Studio Lochmann, Frankfurt

S. 24	aus: Prospekt Schmidt-Spiele
S. 28/29	Sagaland-Spielbrett, Otto Maier Verlag, Ravensburg 1981
S. 34	Prospekt: Westfälisches Freilichtmuseum Hagen
S. 44	Achim Bröger, Mein 24. Dezember, Arena Verlag 1985
	Irving Robbin, Was ist Was Bd. 11, Hunde, Tessloff Verlag, Nürnberg 1982
S. 63	Nr. 1: Christine Untereiner, Freiburg: Nr. 2: Albert-Schweitzer-Schule, Offenbach a.M.: Nr. 3: Marianne Steigner Altenglan
S. 67	Nr. 1, 3, 4, 5: Okapia, Frankfurt: Nr. 2: Bildarchiv Seeger, Kirchheim/Teck
S. 68	Nr. 1, 3: Bildarchiv Seeger, Kirchheim/Teck: Nr. 2, 4: Florastar Bildarchiv, Karben: Nr. 5: Keystone Pressedienst, Hamburg
S. 70	Silvia Hamberger, Gesellschaft für ökologische Forschung, München
S. 83	Nr. 1, 4: Helga Lade Fotoagentur, Frankfurt: Nr. 2: Heinz Steenmans, Mönchengladbach: Nr. 3: Helga Lade Fotoagentur – W. Fiedler: Nr. 5: Schapowalow – Heim, Wien: Nr. 6: Schapowalow – Linnekogel, San Francisco
S. 87	Nr. 1 + 3: Voller Ernst Fotoagentur-Fuhrich: Nr. 2: Silvestris Kastl/Obb.
S. 124	amw Pressedienst, München